FLECHAS DE PENSAMIENTOS

VERDINALES Y MEDITACIONES

APERTURAS, 7

Juan Carlos De Brasi

FLECHAS DE PENSAMIENTOS

VERDINALES Y MEDITACIONES

Con la colaboración de Gabriela Cardaci

Edita: © EPBCN — Espacio Psicoanalítico de Barcelona
Balmes, 32, 2º 1ª
08007 Barcelona
93 454 89 78
info@epbcn.com
http://www.epbcn.com

2ª edición corregida: Junio de 2017
Copyright © Juan Carlos De Brasi
De la presente edición: © Espacio Psicoanalítico de Barcelona, 2017
Maquetación: Josep Maria Blasco y Carles Fabregat
Portada: Fabián Ortiz, Carles Fabregat y Josep Maria Blasco
Diseño de la colección: Josep Maria Blasco y Carles Fabregat
Depósito legal: B 14984-2017
ISBN: 978-1545313916

ÍNDICE

más recibí la flecha que me asignó Cupido,
y amé cuanto ellas puedan tener de hospitalario

A. Machado

EN DEFENSA DE LO NUEVO

Lo nuevo en el pensamiento siempre estuvo ligado a las ideas de marcha sin dirección obligatoria, de tránsito por territorios hóspitos e inhóspitos; de movimientos homogéneos, heterogéneos o transformadores de la naturaleza del acto de moverse.

En una palabra, lo *nuevo* es un atributo de lo insistente, de la multiplicidad que nos pone en el umbral, el límite y el andar por un camino determinado. La «querelle des anciens et modernes», de las generaciones, de lo que ha envejecido o la juventud floreciente, de lo pasado y lo actual, de la obsolescencia y lo vigente, etc., son extraños a su curso. Más bien son parte, han tomado *partido*, de una confusión generalizada, la de la homonimia entre lo *nuevo* y la *novedad*, que es por definición intransitable, pues queda clausurada en cuanto se inaugura como «novedad».

De otro modo, si participara en un pasado o en el anuncio de un futuro, ya no sería aparición novedosa. Sólo se instala como tal mediante un corte —sea cual fuere y donde se haga—, para no ser acusada de pasatista y con una pseudocontinuidad para no ser rotulada de futurista.

La novedad, entonces, no tiene otra misión, ni hay que exigírsela, que la de ser «presentista» y así cumplir con la orden (¡presente!) que le envía lo dado y los turnables poderes. Llegados a este punto intuimos que *la novedad* y sus jugos secretados —las distintas formas de avidez de...— son lo que ocluyen el camino e impiden el verdadero viaje. Antes de emprenderlo con una ilustración, dejo un subrayado. La cara simétrica e inversa de la novedad es el rostro sombrío, resentido y retraído en la letra original de un padre precursor. Al «nada está dicho» queda especularizado un «todo fue dicho». Solo nos resta la función de ser fieles escribas interpretantes. Así se constata, una y otra vez, la deuda infinita.

Circulemos, ahora, con un ejemplo. Tomo la ruta dos (se puede escoger de acuerdo al país) rumbo a Mar del Plata. En realidad no importa que sea ésta o aquella, pues una ruta siempre se halla entre otras.

Lo nuevo es una posada o un hotel que no existían. Un *nuevo* desvío. Una *nueva* banquina o terraplén agregados a los que estaban trazados. *Nuevas* señalizaciones y servicios adheridos y multiplicados bajo la piel de los anteriores. Así *lo nuevo* brota por todos lados y exhibe la porosidad inmanente de ese camino concretado por innumerables materias, gestos, inversiones, anhelos, decisiones, etc., que conducen hacia el descanso líquido de los habitantes de una ciudad presuntamente surcada por buenos aires. No hay duda que *lo nuevo* opera, y que lo hace de una manera especial. No estaba ni estuvo jamás ahí, pero *pertenece* al deslizarse de ese «ahí».

De modo que *lo nuevo* sólo lo es respecto a una pertenencia que nos sale al encuentro insistentemente en las modificaciones, en el devenir de las modalidades e invenciones que un camino nos propone. Sólo en esa medida podemos decir que andamos y soportar que *erramos*. Sólo así podríamos sugerir que una *alternativa* nunca está dada, sino que se encuentra en camino.

Fuera de él piruetea *la novedad*. ¿Cuál es la novedad sobre la ruta dos? Es anunciada por «se ha vuelto intransitable», «se ha interrumpido su circulación por las inundaciones» o «por trabajos en tal o cual tramo». *La novedad* es lo que nos saca del camino, nos obliga a ir por donde no queremos y, a menudo, no podemos.

La novedad es esa potencia negativa de no poder estar, estando siempre en un presente presentificado. Es un suicidio del tiempo. *La novedad* es una alternancia des-alternativizada que proviene de lo dado y vive del despiste, ya que lo novedoso responde a la ansiedad del *turista*, jamás al

mapa del *viajero*. Finalmente lo real, verdaderamente *nuevo*, lo que defiendo como tal, es que uno
sigue *en-caminado* por los mismos-otros pensamientos.

Nota

Las *Flechas de pensamientos* hacen trayectos a una velocidad que sorprende a la mano que los escribe y denuncia su torpeza para lanzarlos con la intensidad que los recorre. Su velocidad es superior a la de la luz, lo cual somete ésta a sus figuras propias que ya no son lumínicas, sino más bien generadoras de penumbras *alumbradoras* de lo que se escapa. Pero lo que huye a una velocidad sobrepasadora se lentifica cuando una meditación se amasa volcando la simplicidad caótica en una simple complejidad sorprendida, en pleno acto, por su tortuga.

UNA PUNTA

Flechas de pensamientos. Comportan entre otras cosas, una biografía (vida que envuelve a la escritura que la devuelve a la vida, sin antes ni después, sin dentro ni fuera) fragmentaria. Están lejos y en oposición a cualquier decir ingenioso. Si algo de ello sucede es un efecto de lectura, no de una búsqueda escritural.

Hay muchos textos que recogen dichos ocurrentes tomados como *apotegmas*. Lo que separa tajantemente a estos últimos de los primeros, es que ellos son flechas que no intentan dar en ningún blanco. Cualquier logro es casual e irrelevante. Lo importante es que ellas son las estelas o los fraseos condensados de un pensamiento que se interna por parajes transitados y, a la vez, inexplorados.

Todos los volcados en este texto rondan, se desarrollan, son explicitados o sujetos a variaciones imprevistas, en los diversos libros que he publicado o que están en vía de concreción.

Estas flechas de pensamientos trascurren enteramente en el campo del lenguaje. Pero es cierto, también, que se trata de un lenguaje que bebe realidades.

Una a una las flechas apuntan al corazón de las certezas. Sin embargo no ignoran la aspiración a un inquieto sosiego.

Cada flecha, delgada o de considerable espesor, se yergue por sí misma pero, simultáneamente, en inseparable conexión con las demás. Sólo el conjunto marca la potencia o palidez de cada fragmento. Y es la unidad —no unificada— de los mismos la que orienta y distribuye las perspectivas que los modulan, sin poder modelarlos.

En este ejercicio de resistencia, en ese roce aéreo que las sostiene e impulsa, dichas flechas afilan sus puntas y enfilan hacia un destino que no es más que su propio camino y los modos de andarlo mediante un rodeo incesante.

Verdinales. Acuñan la sonoridad de las palabras hechas con el verde del prado (que conserva la humedad del terreno en un medio reseco, agrietado e infértil) y el eco cristalino del acontecer. Ellos juegan con la porosidad de la tierra, insospechada para los impávidos terrones, que han rechazado absorber la vida de esa impalpable humedad que cosquillea, ignorada, bajo ellos.

Sólo los *verdinales* muestran, entonces, el verdear de la vida que la desertificación reinante ha resignado expandiendo su muda extensión. Los verdinales son, ante todo, resistencia activa contra la banalidad reinante, la crueldad y la infantilización que los rodea. Están lanzados para quien desee tomar sol en ellos, abierto al diálogo con su propia sombra en el paisaje colectivo, del mucho «verde» que nos afecta sin que podamos ubicar, exactamente, su lugar.

El apresuramiento de lo conocido, sin embargo, puede hacer que se los confunda con dos especies tan cercanas como ajenas. Me refiero a las *máximas* y a los *aforismos*. Cercanos de ellos, quizás, su estructuración y disposición habitual en cada página. Alejados, voluntariamente, en sus dimensiones sensibles y conceptuales.

Las *máximas* caen, pues están concebidas desde la intención moral (relación con un valor trascendente) del autor. Ellas ponen a éste y al yo en primer plano. Son la ilusión realizada de que existe algo así como el autor y su *persona* enclavada en el *yo*.

Los *aforismos* coexisten en vecindad a los *verdinales*, pero éstos carecen del tono profético que caracteriza a los primeros.

En cambio los *verdinales* están construidos en una *serie de infinitas alusiones* (que rompen los significados y atribuciones corrientes de los términos) que no cierran, aunque se sosiegan, en ningún lugar ni tiempo definidos. Es así como se ramifican hacia todo aquello que graba a un pensamiento, sus vericuetos y deambulaciones.

Un *verdinal*, a diferencia de un aforismo, no conlleva una carga moral sino el florecer de la naturaleza pues, donde todo a su alrededor está seco, él florece con una fuerza de verdor inusitada, a tal grado que todo pareciera un verde esplendoroso. Por lo tanto, el verdinal, si lleva algún mensaje, es esa naturaleza donde aquello que florece es nada más ni nada menos que lo que hace florecer.

Meditaciones. Intentan ser el filtro de una espesa cotidianidad. Son antagónicas de una reflexión autocomplaciente, siempre vuelta sobre sí misma. Ellas se abren desde lo habitual y familiar para sobrepasar los moldes y moldeamientos del sentido común.

Por otro lado, así como existe un periodismo diario, revisteril, de información, de investigación y demás, a través de algunas *meditaciones*, desearía señalar la existencia ignorada de una especie de «periodismo meditativo». Ahora sus flechas están disparadas desde un pensamiento que sólo deviene con sus realizaciones.

Finalmente, resta aclarar que muchos de los verdinales y meditaciones agrupados en este texto han
sido publicados, entre los años 1990 y 2005, en diferentes revistas y periódicos argentinos, españoles
y franceses.

VERDINALES

★ Nuestra dependencia de los objetos de consumo —algunos no lo son— es totalmente paradojal. Quedamos atados a aquellos objetos de los que, por definición, tenemos que despojarnos.

★ Hay que acoger el vuelo de cierta gente, como se contempla con fascinación y en silencio el vuelo de los aviones.

★ El sentido de trascendencia nada tiene de especial. Sólo es un sentido que está más allá del olfato.

★ Algo se entiende porque se está escuchando. Poco se escucha porque se está entendiendo.

★ En la vida henchida, plena, siempre debe haber un agujero por donde respire la muerte.

★ El ser no es para la muerte. Es la muerte la que nos hace ser para la vida.

★ Hay gente sin historia, o cargada con unas pocas anécdotas, que está en busca de una historia para repetir. Y cuando la encuentran lo único que pueden repetir son los alimentos. Asunto de mala digestión.

★ La gente intenta todo en el límite de la desesperación. Justo en ese momento, en esa frontera, es necesario reposar, elevar el movimiento hasta la máxima altura de su quietud.

★ El máximo logro, así como la inmensa transformación, son imperceptibles para el sujeto.

★ El acto de mayor sabiduría es no ignorar que el silencio organiza las palabras, el lujo del decir y las pausas del habla. Ese silencio es la música del lenguaje.

⋆ Estar en silencio es exactamente lo contrario que callar.

⋆ Si una película, un texto o una pintura son cuestiones de gusto; si la cosa es así, entonces, prefiero un helado de limón.

⋆ Hay un solo dogmatismo que tiene carácter irrefutable, es el que brota, descompuesto, de la mueca del hambre. Todos los otros provienen de la fábula de un hombre hecho a imagen y semejanza de Dios.

⋆ La vieja Europa es más vieja que Europa.

⋆ Hay gente que sabe todo, menos un poco. Pero, aún, ese poco lo saben mejor que todo lo demás. Con ellas se puede poco.

★ Juzgar a la persona que hizo tal o cual obra es sencillo, es obra de mezquinos. Una miseria aquí, una falencia allá, saltarán impulsadas por el resorte de una anécdota o una ocurrencia de vida. Apreciar, proyectar en aquella obra el tiempo, los ritmos, los tonos, es la tarea improbable de los renovados jíbaros. Y más imposible, aún, para sus reducidas cortezas es captar cómo en una obra un autor, despojado de identidad, se deja pensar, soñar, escribir, por todo aquello que no se deja encerrar en el saco de la voluntad.

★ Se ha impulsado una mutación retrógrada. Son los nuevos ptolemaicos. Creen que el sol, como todo lo que brilla, gira alrededor de ellos.

★ Calificar, descalificar, simetrías perversas de un juicio sin jurado, de una sentencia sin juez legítimo. Una nadería de las palabras.

★ Se hizo cobarde para robar.
Retraído para pedir.
Imposibilitado para heredar.
Entonces *debe* (el único lugar donde el *debe* tiene sentido) trabajar.
Una manera obligada de hacer infinitiva la vida; siempre por conjugar.

★ Todo callar esconde un cadáver: es la palabra que no alcanzó a sortear la reja de los dientes y la raja de los labios.

★ Hay palabras que matan. De ellas vivimos.

★ Si se desea encontrar la medida de necedad de una persona, basta saber con quién se compara.

★ El paso del tiempo no existe. Su esencia es el tiempo que pasó. Y éste nunca termina de pasar. Todo presente es presente-pasado que hace pasar al futuro entre sus tramas.

⋆ Lo que fue jamás está en su sitio. Es sólo la estela de lo que podría haber sido.

⋆ Hay seres, como peces, que sólo nadan bien en la marejada de lo negativo. Sacan sus *no* como los viejos cowboys su revólver. Cualquier *sí* los deja tristes, desamparados. Tarde, mucho más tarde, se descubre que sus *no* eran a la vida.

⋆ He sufrido todo tipo de exilio, político, cultural, grupal, violento, incomprensible, desmesurado. He pasado y residido, no sin cierto dolor sosegado, en varios lugares. Pero jamás he sido subyugado por el verdadero exilio, el más lacerante, el de mi lengua. De su geografía nadie pudo alejarme.

⋆ No todo, pero casi todo, en el carácter de un sujeto, conspira contra él.

★ Hay algo en el «tener carácter» que está más relacionado con la propiedad que con un diálogo posible.

★ ¿Un bicho de carácter? El escorpión; en medio del río pica a su carga y a su vida en un solo acto. Así se desprende de ambas.

★ La autoestima es un relato fantástico en primera persona del singular. Justo donde desaparece la singularidad.

★ Yo me autoestimo, exactamente donde tú eres desestimado.

★ ¿Un hombre de carácter? Aquel que posee una fuerza inaudita para apartarlo de su camino.

★ La desaparición de la guerra entraña la desaparición del estado. Si no se desea una, es forzoso aceptar el desvanecimiento del otro.

★ Los animales pelean para conservar su territorio. Los hombres entran en guerra para expandir el suyo.

★ En el fondo nadie está contra la guerra. Sólo estamos contra nuestra participación y sus consecuencias para *mí*. Se trata de gozar sus frutos, no los ardores de su siembra.

★ En un hombre las raíces están pegadas a sus pies. No son más que la condición de su perpetuo movimiento.

★ La muerte no viene de pronto. Siempre está ahí pronta.

★ El derecho a opinar es un derecho positivo, adquirido tardíamente por el ser humano. Es el derecho que uno tiene a liberarse de sus propias tonterías.

★ La opinión pública es un teatro generalizado y modificado. Se trata de la catarsis sometida al fantasma estadístico.

★ Si a un niño se le dice que debe tomar «el toro por las astas», también se le debería enseñar a tomar el cuchillo por la hoja, nunca por el mango. En un caso evitaría ser embestido, aún por las bravías situaciones. En el otro, hecho el aprendizaje, jamás se cortaría.

★ A las diversas mitologías (artísticas, culturales, terapéuticas) sobre lo que es o no espontáneo, le cabe la misma respuesta. Lo más espontáneo son los prejuicios.

★ Hay una prudencia que no viene de la voluntad.
Ella es la voluntad.

★ El hombre prudente no se opone al imprudente,
sino a la espectacularidad de sus acciones.

★ Sólo se envidia lo que no se desea tener.

★ Siempre que las cosas terminan mal, es que así han
comenzado.

★ Cuando un sujeto habla, algo de su vida ha dejado de correr peligro, aunque su vida pueda correr
peligro.

★ La ilusión de las proposiciones es construir frases
completas. Estas son imposibles, pues el lenguaje
es una inmensa frase incompleta.

★ El único discípulo que merece un maestro es el que lo trasciende. Los demás están demasiado aplicados a sostener, aún, las tonterías en las que él nunca creyó.

★ Se recupera el pasado yendo hacia delante, no quedándose en él.

★ Hay personas que siempre usan las palabras de la parte menos consultada del diccionario.

★ Las personas limitadas —las que no saben dónde está su límite—, acobardadas, nunca se rebelan, siempre traicionan.

★ Un concepto vale más que mil imágenes.

★ Antes de que suene el canto del gallo te negaré las veces que se me ocurra. Así pensaba la gallina.

★ Verde es la respiración del universo.

★ La palabra del envidioso no tiene contenido, ni otro destinatario que el envidioso mismo. Sin embargo su patetismo genera un malestar contagioso.

★ A veces pienso: ojalá la escritura fuera como esos caminos de cornisa, delgados y altamente inestables, donde el paso torpe o equivocado nos lanza al vacío. ¡Cuántos impedidos dejarían tranquilos a los libros!

★ ¿Cómo se nota que alguien está de ida en la vida? En un mero tono: siempre tiene la respuesta a una pregunta que todavía no se le ha formulado.

★ Dar y recibir son un mismo acto, una misma raíz para dos conjeturas.

★ Una mujer, un poco atolondrada, me decía que tres euros eran nada. Creo que le respondí: tenerlos no es nada, no tenerlos es todo.

★ Hay mujeres y hombres que son pésimos aprendices de pájaros. Picotean aquí y allá y siempre están mal alimentados.

★ ¡Se ven tantos y tantos volúmenes y tan pocos libros!

★ Quien está muy atento a la palabra aislada, la palabreja, se pierde el lenguaje. Sacrifica lo humano por su resto de neurosis.

★ Prefiero el punzón a la indiferencia.

★ Me gustaría escribir un diccionario que fuese un universo de ficción. No sólo fantástico. Un diccionario que nadie consultara pero que todos leyeran.

★ La queja es una acción cuya finalidad es evitar la acción.

★ La sublimación no es sólo una pasión costosa o exquisita, también podría ser un elemento básico de la salud pública.

★ El «enano fascista» es un anti-ser detenido en su crecimiento, que tiende a igualar todo por abajo, acorde con su propia medida. A él se le debería oponer el «hombre alegre», el irrealizado, el que avanza desde un futuro singularmente imperfecto.

★ La envidia es una plaga sentimental. Se desconoce el método para fumigarla, por eso se la ha convertido en la envidia de las langostas, de las cuales se sospecha que no tienen sentimientos.

★ La consigna: combate la mediocridad desde niño, si es posible en tus mismos padres. Los mediocres en su juventud son molestos. En su vejez peligrosos.

★ ¿Una imagen un tanto perdurable?: el salmón.

★ Las ideas confesadas en público son en sí mismas espectáculos. No soportan refutación alguna, sólo requieren audiencia.

★ ¿Una canallada en el lenguaje? La verán siempre impulsada por el inmoral estilete universal, «todos somos...».

★ El «hecho consumado» es la cara simétrica y pasiva de un activo «consumo de hechos».

★ La opinión en el mundo actual no es un vehículo democrático. Se recaba, se compulsa la opinión (pública por lo cuantitativa) para que la gente se exprese. Así, de «expresión» en «expresión» todo termina equivaliendo a cero. Diez en expresión, cero en participación. Esto indica que la opinión antes de ser democrática es «mediática».

★ La disculpa (en cuanto impunidad institucionalizada) es un acto doble e innoble. Desresponsabiliza y naturaliza la culpa.

★ El hombre es el único animal capaz de hacer promesas. Pero una promesa es la obligación de cumplirla. Por eso el hombre es el único animal, a la vez, capaz de prometer hacer daño. Y esto no es una promesa.

★ El dinero es la posibilidad de la imposibilidad. Es la posibilidad de tenerlo todo, y la imposibilidad de tenerlo a él.

★ El neoliberalismo no trata de reducir o achicar el estado —del cual ha vivido a rabiar—, sino que impulsa una metáfora mucho más peligrosa: desea que el estado y la sociedad se vuelvan impensables, para que el mercado sea el único pensamiento verdadero.

★ Se habla frescamente de «libre competencia», «libre mercado», etc., como si en la competencia mercantil se jugara alguna libertad.

★ Las instituciones tienen su propio erotismo, su ciclo. El reglamento es su forma específica de menstruar.

★ Si la religión fuese realmente el «opio de los pueblos», aquella podría ser acusada de tráfico de drogas.

★ A veces siento ese cansancio que viene de alguna actividad. Muchas otras ese agotamiento que me ataca desde el esqueleto.

★ Los pensamientos son cabellos que caen hacia dentro.

★ Ese animal pulsional, pensante, lúdico, faber, o como se lo quiera llamar en singular, es un animal que pregunta. Pero no debemos olvidar la inversa, que la pregunta debe encontrar a su animal. De otro modo queda como un simple signo de interrogación aislado de su acto.

★ Lo que en general se denomina pornografía no es otra cosa que ascetismo invertido.

★ ¿Existe la «mala palabra»? ¿Qué es? Una «mala palabra» es aquella donde sobra una intención y falta un concepto. Toda «mala palabra» es un exceso de conciencia.

★ Cuando la democracia se confunde con el estado de derecho, y éste con el derecho de estado, entonces el perro sólo goza persiguiendo su propia cola.

★ Fisiología del poder: control de estado en el control de esfínter.

★ El exilio tiene dos viajes. Uno de ida, hacia el extrañamiento y las luces y sombras como paisaje. Otro de vuelta, donde puede irrumpir lo siniestro en el mismo lugar natal.

★ Militar en una «causa» es resignarse a ser *militar* en algún punto.

★ El sueño argentino tiene una inquietante semejanza con la pesadilla de Valéry, uno se acuesta con la sensación de serlo todo, y se levanta con la evidencia de no ser nada.

★ En la confusión, difundida intencionalmente, entre iglesia, religión y trascendencia reside una clave de la engañifa moderna, pues al cuestionar una siempre se atacará a las otras dos. De este modo el recurso argumental será idéntico a la parábola bíblica, ya que si un ciego conduce a otro, ambos caerán al pozo. Es decir, donde debería explorarse un problema, reinará un dogma.

★ El peor enemigo de una decisión tomada es una indecisión sostenida.

★ Es importante arrojarse en los brazos de cualquier democracia naciente, sin caer en sus manos.

★ La renuncia cínica a lo «imposible» nos hace cómplices fervorosos de lo establecido, como si fuera lo «mejor posible».

★ Existe ya mucha gente en la *cuenta* del fracaso de la especulación financiera. Son los que están depositados en el mundo y no reportan ningún *interés*.

★ El problema no es la «igualdad», pues ya estamos demasiado igualados. El asunto, como siempre, está en otra parte. ¿Me explico?

★ Las «minorías» actuales circulan, a menudo, con el mismo bastón blanco de las «mayorías» que desprecian. No son otra cosa que esas mayorías en menor número.

★ Toda catástrofe natural es naturalmente social. O una continuada provocación de la sociedad a la naturaleza.

★ Lo inquietante de la no-violencia, el anarquismo y el pacifismo, es que se definen unilateralmente por lo que rechazan. Una por la violencia dominante. Otro por el poder del estado. Y, el último, a partir de la guerra como calamidad. Lamentable, en una palabra, que sus pasiones sean sólo negativas.

★ Callar, callar diciendo, hasta saber qué decir.

★ ¿Por qué se llamará América Latina, si por estas latitudes jamás nadie habló latín?

★ Un galimatías nunca es incomprensible. Es, casi siempre, el trazo oscuro de una verdad.

★ Hay en nosotros, entre nosotros, una palabra, un gesto de más. Pero eso no es lo que nos sobra, sino lo que nos constituye y destruye la prudencia.

★ Con el estado posmoderno se ha puesto en práctica un respeto inobjetable hacia lo que, desde él, se denominan «notables» —aquellos que se hacen «notar»— e «influyentes» —aquellos que destilan sus «influjos»—. Ese respeto podría expresarse: «Para ellos, todo; para los ciudadanos: ¡la ley!».

★ Alimentarse, tener enfermedades, cumplir años, son hechos inevitables. Pero la edad, la edad es otra cosa. Cada cual tiene la edad de sus ilusiones y prejuicios.

★ Se dice que pensar, soñar, poetizar, imaginar, son cosas inútiles. Sin embargo, recuerdo que me he preguntado, ¿cuál es la utilidad de un arado en un departamento? O ¿cuál será la utilidad de un automóvil en un trasbordador espacial?

★ La libertad: saber a qué está uno atado. La extrema libertad: poder costearse las propias ataduras.

★ En general el estar en desacuerdo nos inquieta o nos molesta, y el estar de acuerdo nos relaja y serena. Pero sólo en el diálogo desacordado el otro trabaja para nosotros.

★ La afectividad en el mundo posmoderno es la del sistema bancario. Sólo se le da al que tiene.

★ No se puede simular lo que uno es, porque uno *es* lo que va *siendo* dejando de *ser*.

★ El engaño es un autoengaño. En él se supone la falsedad de que podemos engañar sin ser nunca engañados.

★ El miedo es propio del ser humano. Pero, también, es el punto donde deja de serlo.

⋆ Cuando uno escucha una cosa y su contraria, después la positiva de ambas y su negación, para que todo el conjunto caiga bajo la duda, debe darse cuenta de que está aprendiendo a no escuchar.

⋆ El triunfo es el pasaje embriagador de lo desconocido a lo mal conocido.

⋆ Asegúrate que quien recibe algo de ti sabe dar. Caso contrario nada habrá recibido, ni cosa alguna habrás dado.

⋆ Las clasificaciones representan un buen ejemplo de odio al movimiento.

⋆ ¿Un poco escéptico? Bueno, sí. Soy demasiado creyente como para librarme de los escépticos.

★ El amor como búsqueda de la unidad perdida, de la errabunda media naranja, parece una propaganda trascendental de vitamina C.

★ La broma es una carcajada que vive de un tropiezo en el cuerpo de un semejante. Siempre va sobre el cuerpo. Por eso carece de sentido del humor.

★ Al reducir el número de palabras que usamos, ampliamos la violencia de las que abusamos.

★ Dios no existe. Quien lo certifica tampoco.

★ El arte sobrecargado, enfático, barroco, es una redundancia, puesto que el arte mismo ya es un exceso.

★ Jamás le dije misérrimo inmoral a nadie. Pero con usted haré una excepción.

★ El crecimiento convierte a un hijo en un huérfano. Este es el único crimen que una familia no perdona.

★ El pensamiento evapora el yo.

★ El pavor es un sentimiento al vapor.

★ Con el teléfono móvil sabemos que el otro está ahí. No que ahí hay un otro.

★ El ataque de pánico intenta una huída imposible de un mundo que se nos viene encima. Después sabemos que se trataba de un mundo que llevábamos encima.

★ El horror moral es el cuenco vacío de la moral del horror.

★ El orgullo es la maqueta del tamaño que le gustaría tener a Liliput.

★ La gente más emotiva es la menos afectuosa.

★ La ironía del hijo pródigo. Aquel que necesariamente debe ser castigado por haberse querido convertir en padre de sí mismo.

★ Los prejuicios no tendrían nada de malo, si no nos hicieran más estúpidos de lo que ya somos.

★ Hay quien saca a pasear su yo, con la misma tensa correa que saca a pasear su perro.

★ La novedad es un suicidio del tiempo.

★ La gran sabiduría no es más que el amo de los pequeños saberes.

★ «Odio todo lo viejo». ¿Me dice que se odia a sí mismo sin saberlo?

★ Lo que no entra por la cabeza se cuela por la vida.

★ Cuando alguien difunde que tiene muchos amigos, se puede afirmar que esos muchos no lo tienen a él.

★ Un amigo es el que está y está y está, aún cuando haya desaparecido.

★ El que ama la soledad es enemigo de que lo dejen solo.

★ Sólo un loco intentaría decir lo insoportable: toda la verdad. Sólo un pusilánime trataría de evitarla en su totalidad.

★ Un hombre juicioso no enjuicia.

★ Samuel Beckett tenía una pasión callada por los animales. La respuesta a uno y su preocupación por el otro, lo muestran inequívocamente en esta anécdota. Durante la presentación de uno de sus libros, se acerca una joven, y mientras le entrega un ejemplar para que se lo firme, le dice: «a mi perro le puse Beckett». Beckett mira sobre la oreja de la muchacha, y le comenta, «¿y... qué opina su perro?».

⋆ El hombre actual huye con vehemencia y convicción hacia adelante. Sueña que no tiene espalda.

⋆ Las ilusiones son equivalentes a las necesidades biológicas. Es por eso que siempre habrá «sed de ilusiones».

⋆ Las instituciones son grandes o pequeños elefantes. Sus marfiles preciosos, sus orejas al viento, sus rugosidades, sus pesadas patas...

⋆ Lo que no pensamos acaece sólo cuando pensamos.

⋆ El trabajo, irreductible a las distintas ocupaciones, es una fortuna en vías de desaparición. Consta entre los pocos bienes de una herencia que nunca se ha podido cobrar. Y sin embargo hasta hoy vivimos de ella.

★ Los profesionales que avanzan a tientas en el campo del pensamiento no piensan ni bien ni mal, ignoran la bibliografía, el laborioso hormigueo que los precede.

★ ¡Ah!, en estos tiempos posmodernos nada mejor que un buen dolor de cabeza para saber que la tenemos.

★ La distancia con uno mismo es equivalente a la tarea por construirla.

★ El hombre original (o su obra) es doblemente creyente en una religión degradada. Primero cree en un origen, para colmo «original». Este es su pecado. Luego, cree que en ese origen se encuentra él. Este es el espejo de la mueca de Dios.

★ Muy cerca no hay perspectiva. Muy lejos se desvanece. Por eso la perspectiva óptima es una cuestión de perspectiva.

★ Sobran filosofías de empresas. Faltan absolutamente empresas de la filosofía. Justo lo que sobra es lo
que falta.

★ Tocar un límite, llegar al límite, son señales de
nuestras limitaciones. Pero, a la vez, limitamos con
otros confines, a través de los cuales nos extende-
mos indefinidamente.

★ El abuso actual de la etimología la ha convertido en
una disciplina contradictoria. Alucinamos tocar las
raíces de un término, cuando en realidad saltamos
por el follaje de sus fechas y usos.

★ El arte más desequilibrado no hace otra cosa que
proponer el delicado equilibrio sustraído a la mor-
taja cotidiana.

★ La condensación poética es un tesoro paradójico. Por un atesoramiento, la riqueza del lenguaje es lanzada a una incesante circulación.

★ La mayoría de los textos que se componen por Internet son catálogos encubiertos. Despiezamientos de libros, en una parodia de libro sepultado por un aluvión de comentarios y citas que aluden a otras citas. Libros re-citados.

★ Un viejo sabio me decía: el perro es un animal sustancialmente defectuoso. Encontrará hormigas devoradoras, leopardos depredadores, serpientes manducadoras, hipopótamos atrapando atardeceres con sus bostezos, lúbricos silvanos, palomas defecadoras, faunos borrachos, etc., sólo el perro puede ser «de policía».

★ El delito del que cree que todo tiene una causa es que termina convencido de que él es causa de todo.

★ No es casual la elección del animal más cruel, la paloma, como símbolo de la paz. El hombre gusta de tirar a matar, como la paloma, al que ya estaba medio muerto.

★ Jorge Luis Borges que, junto a otros pocos, encumbró a la Argentina, dejó para nosotros un epitafio: «Se equivocaron haciéndome morir en otro lado. Deseo que ahora dejen vivir en paz a mis textos, o sea, que los lean».

★ El hombre envía ilusiones. La realidad le devuelve decepciones. En ese toma y daca, en esa rima incompleta, el primero se asegura las remesas. La segunda de que nadie las cobre.

★ ¿La desventaja del hombre tradicional? Sabía dónde estaba el bien y dónde estaba el mal. Sin embargo, aquella, modificada, era su ventaja relativa. Sabía lo que le hacía bien y apartaba lo que le hacía mal.

★ Abundan los que han clamado por la democracia para el sistema político, para las instituciones, para las relaciones sociales, para las mujeres, para las minorías, menos para sí mismos.

★ La realidad no conoce promesas, sólo ofrece oportunidades, decía un famoso filósofo de Frankfurt. Y el axioma parece indiscutible, por el exceso de realistas que pululan.

★ El fanfarrón no pronuncia una palabra de más. Sólo dice aquellas necesarias para ser considerado como tal.

★ Una ofensa es la propia herida viniendo desde el otro.

★ Deja que tus productos hablen de ti. No los sofoques diciendo lo geniales o bastardos que son.

★ La víctima, cuando sale de su estado de pasividad, comprende que era su victimario invertido.

★ Cuando buscamos en exceso la causa de esto, de aquello, de eso otro, no queremos saber sus motivos. En realidad deseamos encontrar un culpable al que castigar.

★ La diferencia entre el dolor de amor y el dolor de muelas es un problema de masticación.

★ La eternidad no es más que una mirada contemplando el mar.

★ En la vida hay dos clases de progresos. Uno que todavía no llegó. Y otro que está de regreso.

★ A una gran mayoría no le pasa nada. Y eso es lo que le pasa.

★ Exigir más de lo que uno se exige es el comienzo de la infamia.

★ Nos lamentamos de la humillación, el no reconocimiento, el escarnio, la subestimación, etc., a los que otra persona nos somete. Pero no aceptamos, sino a regañadientes que, cuando esto ocurre, ese otro no es más que el acto de resignación de nosotros mismos.

★ La verdad nos mira, con un ojo cerrado, desde el espejismo de un pozo sin fondo.

★ El hombre tiene las historias en sus manos. Si sabe apretarlas podrá dar cuenta de ellas. Si no, otros lo harán a su manera.

★ La piedad hacia todos es simétrica al amor hacia ninguno.

★ Hay quienes calculan sobre los bienes, y quienes lo hacen sobre las personas. La diferencia entre ambos es de *peso* ético.

★ La civilización, el progreso y demás metas laicas, son mentiras concertadas con feroz amabilidad.

★ ¿La diferencia entre países pobres y ricos? Es un asunto de ética distributiva. Lo que falta en unos, sobra en otros.

★ Exacerbemos los gestos y argumentos del otro, y nuestras falencias aparecerán como suyas.

★ Una máxima implícita del enfermo moral contemporáneo es: lo que no llegues a comprender, denígralo. Pues si no está a tu alcance, que no alcance a nadie.

★ ¡El suyo es un juicio gratuito! ¿Por qué desea que se lo cobre?

★ Este es un mundo casi perfecto. Imperfecta sería una perspectiva que nos hiciera creer lo contrario. Por ejemplo, estamos prestos a creer que alguien obtiene prebendas y favores que no merece, porque no hace ni ha hecho nada para lograrlos. Craso error, precisa causalidad: todo ha sido alcanzado porque no se ha hecho nada para ello. Es decir, no se ha esparcido ninguna sombra preocupante sobre los fantasmas del poder.

⋆ Al crear algo de cierto valor, molestamos sin habérnoslo propuesto a variadas personas y a los más disparatados personajes. A ellos jamás se les hubiera ocurrido, ni hubiesen deseado, realizar tal cosa. Sin embargo sienten que algo les es arrebatado sólo por el hecho de fabricarse una nueva existencia. La ilusión de *no* hacer es tan fuerte como su opuesta.

⋆ Lo antiestético por excelencia: envidiar la historia y los logros de alguien, que nunca hubiéramos soportado ni querido tener.

⋆ Los gestos de quien jamás entiende nada, siempre llegan demasiado tarde.

⋆ No existe un acto de civilización al que no le siga una estela de llanto y sangre.

★ El problema racial, elucidado ya en la antropología, atraviesa de punta a punta los asuntos fiscales. Claro que de manera ocurrente e invertida. Se trabaja como negro para poder declarar en blanco. Y se goza en negro lo que en blanco se sufre.

★ Están los que nacieron para indagar, para bucear en nuevas ideas, descubrimientos, invenciones. Están, aparte, los que viven de averiguar, husmear, poner al día, las grandes vilezas y las pequeñas miserias que los habitan, a través de las vidas ajenas. Los primeros nacieron para rastrear. Los segundos para ser rastreros.

★ A menudo descubrimos que ese alguien que se apartó de nuestro lado, en verdad, no se fue. Jamás estuvo, aún cuando más próximo se mantenía.

★ Lo digno para un corredor de larga distancia o mínimos alcances puede ser un segundo, tercer, cuarto,... o un dignísimo último puesto. Lo indigno es que no corra, que no se ponga a distancia de sí mismo.

★ La Argentina es un país que pasa limpiamente del vuelo de una libélula que no opone ninguna resistencia a los vientos, a una guardia pretoriana que barre con toda resistencia.

★ *Indignarse* no es la actitud más conveniente en el mundo contemporáneo. Es una irrupción sorpresiva ante un planteo imprevisto o que rompe un acuerdo implícito. En cierto modo hiere frontalmente a las ceremonias del simulacro. En otro aspecto intenta disolverlas. Lo intolerable, en todos los casos, es que busca modificar una realidad sin calcular la utilización de un sujeto. De ahí su in-conveniencia, su imposibilidad radical, la de sustituir el afecto por la estrategia.

★ Sería provechoso morir como se ha nacido, imperceptiblemente.

★ He tenido una suerte sin parangón. La fama o el pleno reconocimiento me fueron esquivos. He sido todo el tiempo el dueño de mi impropiedad.

★ Las concepciones educativas señalan, en general, dos grandes tipos de ignorancia. Una por defecto, la ignorancia del que no ha podido o no ha querido aprender lo elemental. Otra, funcional, lo aprendido es olvidado, y no es objeto de recuerdo, sino de la ausencia de una práctica constante (escritura, lectura). Pero dichas concepciones omitieron la principal: la ignorancia por exceso. Exceso de medios, de información, de imposibilidad de elaboración, etc. Las dos primeras no califican, sacan a los sujetos de los lugares de opinión y decisión. La tercera, insertada en los costos de los presupuestos educativos, introduce como «altamente» calificados a personajes incalificables. Esta última es la verdaderamente peligrosa; ha generado una serie de individuos seriados con gran poder de ejecución. Soberbios bodoques, atolondrados insoportables, pero con gran impulso para vender un futuro que es sólo un *después*.

★ El que sueña con la justicia para todos termina ajusticiado por su sueño.

★ En cada acto de perdón se oculta un crimen.

★ Los profesionales liberales tienen una gran confusión con el dinero. Al cobrar creen recibir un honor-ario.

★ Al pensamiento y al arte jamás les interesaron los juicios de los encapuchados de la moral. Se desprendieron de ellos con la misma facilidad que pierden la piel las serpientes en verano.

★ Toda crítica debe tener un carácter anticipatorio. Justo en su punto y en su salsa. Después, cuando todo ha pasado y los hechos se imponen con una crueldad inusitada, cualquier crítica se vuelve, además de estéril y molesta, una modalidad costumbrista.

★ Cuando se sabe que no hay, que no habrá, recompensa por pensar, ya no se sale a la caza de ningún pensamiento enmascarado.

★ Las ideologías en el tardo capitalismo no han muerto. Se han convertido en licencias que aseguran un curso para las ideas y otro muy distinto para la vida. Ésta, des-vivida, autoconsumida en el «ganarse la vida» a condición de perderla. Aquellas, arrojada de sí y estigmatizada la contradicción, se contemplan en la opacidad de un espejo que nada refleja, salvo el vampirismo como desesperación ecuménica.

★ Al rebasar el infierno del propio yo, uno aprende a estar consigo como si fuera cualquier otro, sin ser otro cualquiera.

★ Lo que en un ámbito es un emblema, casi un título de mágica nobleza, en otro resulta patético y desconcertante. El sonido del honor académico al anunciar al doctor X, linda con el ridículo cuando se habla del doctor Juan Rulfo o del doctor Pablo Picasso.

★ «Buscador de oro» (y otras cosas) es el que se define como tal por no encontrarlo.

★ Lo que resulta terrorífico e inaceptable del capital (sin ismo) es su falta de cuerpo, su carencia de órganos, de piel, de sensaciones, que quiebra cualquier imaginación filosófica. Por eso rompe con la espera de «piedad» o «diligencia» hacia un «ser orgánico» que clama por la bondad de su dios escondido.

★ Un escritor es aquel que escribe todos los días. Un gran escritor es aquel que, sin saberlo, abre la posibilidad de que se escriba a diario.

★ Que algo sea fácil de comprender no significa facilitarlo y hacerlo digerible. Esto, por el contrario, es la vía regia de la banalización de todo por muchos. Fácil de comprender es hacer accesible la complejidad de un asunto.

★ Los ignorantes jamás entrañaron ningún riesgo. El verdadero peligro es el ignorante con iniciativa.

★ Con los años he cultivado una tranquila intolerancia hacia las intolerancias, convenientemente disfrazadas de tolerantes.

★ Eso, también, es la vida plena; tardar en hacer el café. Y tardar, más aún en beberlo, dejando que el azúcar se disuelva lentamente en el fondo sin destino.

★ Que cada uno esté recluido en sí mismo, aislado en su propia casa, indica que el caracol ha triunfado en el hombre. Que éste se ha convertido voluntariamente en una baba del universo.

★ El límite de un sueño no es la realidad, sino otro sueño.

⋆ Un libro o un crimen perfecto —es lo mismo— son lo que, por definición, no se ha realizado.

⋆ La criminología debería ser una disciplina perteneciente a la del pensamiento, pues la mayoría de ellos han sido brutalmente asesinados.

⋆ El reconocimiento siempre llega tarde, es decir, cuando ya no se lo reconoce como tal.

⋆ Las decepciones ante los que nos rodean son un problema orográfico, no moral. No estaban en la cima de la montaña, como creíamos. De ahí que no estén en el fondo del precipicio, como pensamos.

⋆ Los prejuicios envuelven al sujeto como su piel. No es cuestión de despellejarlos, atrocidad que, a menudo, sobrepasa la de los mismos prejuicios. Hay que sacarlos a pasear, acompañarlos suavemente hasta la orilla de un mar furioso y dejar que se suiciden.

⋆ Están los que han construido historias diversas con pasos rápidos, dolores aprisionados y lentos ritmos. Después vienen los que se las apropian, y convierten esas historias en anécdotas.

⋆ Es indiscutible que las ideas no son propiedad de nadie. Pero, también es inobjetable que el trabajo que ha llevado hasta ellas o que se hace con ellas, contemple la exigencia ética de ser puesto de relieve. Si no fuera así, ¿por qué los que sostienen esa «idea» se afanan tanto porque su nombre y apellido estén precediendo, en el frontispicio de un libro, el pie de un cuadro, o el frente de un pentagrama, a las «ideas» que allí parecen surgir de la misma obra?

⋆ Lo importante de desear algo intensamente, con una sorda obsesión desmesurada, es que el mundo al instante adquiere una medida humana.

⋆ En el corazón de lo hospitalario nace su antagonista: el hospital.

★ El autodidacta no ahorra esfuerzos, desperdicia fuerzas.

★ Un pensamiento eficaz, extremadamente útil, es el que se va por las ramas, pues de ellas se recogen los frutos.

★ Ahí, al alcance de la mano, está la vocación animal de una gran mayoría. Culebras de ruego para pedir. Gacelas de asustada carrera para dar.

★ El nacimiento de un filisteo está justo en el límite de la oreja. Cuidaos de aquel que se ofende en lugar de escuchar, que se ofusca para no escuchar.

★ El acercamiento sigiloso de la muerte es el maestro inigualable de cualquier enseñanza sobre el tiempo.

★ La tradición es esa necesidad de recuerdo y olvido que duerme despierta en esta misma frase.

★ La autoestima es un proceso —también editorial— por el cual un tonto se convierte en necio.

★ Hay dos tipos de ignorancia. Una, nos toca a todos, por más alfabetizados que estemos. Aún el más sabio ignora lo que es sabido en ajenas latitudes. De ahí lo indispensable del aprendizaje contiguo. Otra, que Goethe llamaba «ignorancia activa», es imbatible. En ella el que no sabe ignora que no sabe. Por consiguiente sabe todo, pero nada más.

★ En España el que no habla más alto que el otro no sabe imponerse. O sea: no sabe vivir en sociedad.

★ La única rutina válida, humana, es la rutina que nos releva de la rutina.

★ La soledad tiene un solo riesgo, el de que uno queda a merced de sí mismo.

★ Cuando está en juego una herencia —sea cual fuere—, muerto el perro comienza la rabia.

★ Cuantas más veces he leído un libro, más lo he olvidado. Es de este modo como conservé la mejor memoria del él.

★ Hay quien, bajo ningún punto de vista, estaría dispuesto a ser crítico de tal o cual persona. Aunque siempre estaría disponible para ser su verdugo.

★ El dolor es un desgarro que retorna sin descanso, intenso, para reunirse separándose consigo mismo.

★ Es impresionante sostener las causas perdidas. Es posible que sólo desde ellas se produzca un encuentro.

★ Los lemas, los esquemas y las fórmulas son la puesta, tranquilizante, en formol del pensamiento.

★ En las sociedades contemporáneas, excedidas de civilización, no se trata de saber cómo está el otro, sino de en qué lugar hay que situarlo. Reina de tal manera la obsecuencia, que la adulación o la mirada vacía preceden al saludo.

★ Si la cara es el espejo del alma, habría que ver en que se ha convertido ésta después de la cirugía plástica.

★ Recientemente ha surgido la figura colectivo-parlamentaria del «defensor de los animales». Este es un paso adelante en las conquistas sociales. De este modo cada pueblo intenta defenderse de sí mismo como puede.

★ Escrito a los 70 años. Lo repulsivo de envejecer estando viejo (por lo menos en nuestras sociedades) no estriba en el abatimiento anímico y orgánico, sino en que todo lo que fue apasionado equívoco, deseo imprevisto, resplandor fascinante, creación lacerante, se ha tornado estrategia de ruego y sobrevivencia.

★ ¿Qué sería un neurótico? Ya que son tantos los abordajes y definiciones en que se intenta encuadrar este malestar casi generalizado. Sería el hombre que siempre sustituye la afirmación: lo ha hecho por mí, por el interrogante, ¿qué quiere de mí? Entre una y otro la sospecha de su maltrecha existencia.

★ Siempre he pensado que la ignorancia conduce a la soberbia, lo cual hace al ignorante más ignorante. Es decir: doblemente soberbio.

★ En el estado de soledad el otro está presente, a menudo de manera excesiva. En la retracción del solitario o de la desolación agobiante ese otro se extingue. El que ama la soledad odia que lo dejen solo, que lo condenen como solitario.

★ Traducir no puede ser un acto calificado por la traición. El *traduttore* no es *tradittore*. La traducción de un texto escrito en otra lengua jamás puede aspirar a la perfección de la literalidad o a la pretensión de bella literatura, ámbitos donde, a menudo, se la va tratando de someter. Traducir (correcta o incorrectamente son virtudes o defectos de oficio) es desplegar, gracias a la alteridad de otra lengua, los recónditos pliegues de la propia.

★ La cultura actual está dominada por sastres (y se entiende que no hablo de esa noble profesión). Todo permanece agarrado con alfileres.

★ ¿Por qué la gente canta en la ducha? Porque el agua baña su origen. Porque, ¿qué sería «desafinar» en la ducha? Y, finalmente, porque su público, como es totalmente imaginario, siempre lo aplaude.

★ Los juicios universales fueron inventados para superar la asfixia de los prejuicios locales.

★ Cuando nada importa, lo poco que ocurre es extremadamente importante.

★ Cuando la red del estado se dedica a pescar al ciudadano, a retacearle sus derechos, a desalentar sus obligaciones o a convertirlo en fugitivo de sí mismo, entonces el estado ostenta su existencia sólo como estado... de ánimo.

★ Me he preguntado en más de una ocasión, ¿por qué leo —por cierto que no frecuentemente— con igual detalle lo que me desagrada, choca y repudio? Y me he respondido: porque inclusive lo que no logro asimilar, me alimenta.

★ Jamás deberíamos lamentarnos. Pero, en caso de hacerlo, nunca por lo que somos, sino por lo que elegimos dejar de ser.

★ Tener afilado el oído no entraña, todavía, escuchar más allá de la masa sonora que nos golpea, y del decir montado en ella. Uno larga una frase. Otro la acoge. Percibe: lo dicho efectivamente, lo no dicho imperceptible en lo que se dice, lo que no se dice ni se puede decir. Y, a pesar de todos estos *entredichos*, aún, no hemos rozado el oído del alma, ese que escucha lo indecible para que, como tal, haga permanecer al lenguaje en su misterio.

★ Los norteamericanos se preguntan obsesiva, repetidamente, ¿por qué el mundo (el resto sin ellos) nos odia? Como el interrogante es in-verificable, suponemos que es verdadero, tanto como su respuesta, que es una nueva pregunta, ¿por qué se comportan como si odiaran a todo el mundo?

★ Con el tiempo, entre los pocos vicios que cultivo está el de perder el tiempo ganándolo. Y el de leer a los autores, con los que guardo estrecha vecindad, en las mejores versiones (o traducciones) posibles. ¡Existe cada asesinato en nombre de la divulgación!

★ Usted parece un optimista incorregible. Sí, quizás. Creo que soy lo que usted afirma. Soy demasiado optimista como para librarme de los pesimistas.

★ Una anécdota que muestra que nada está más lejos de uno mismo que uno mismo: Charles Chaplin se presenta a un concurso de dobles de «Charlot», y sale el tercero.

★ Los españoles gritan mucho. Pero no lo hacen para ser oídos por un semejante, sino porque creen hablar con Dios.

★ Estar leyendo uno de esos libros que se muestran como únicos, es para mí un honor. Pero no ese honor que marca una dignidad, sino el honor que establece un intercambio. En el mismo instante en que leo (yo siempre lo hago escribiendo) siento que él me está leyendo a mí.

★ Un sujeto que ha nacido con la glándula de la envidia atrofiada, como yo, es difícil (no digo imposible) que se frustre. Porque mi punto de partida es un sueño, no un logro. Lo frustrante sería lograrlo, hacerlo vigilia administrativa.

★ Hay *populares*, entre los cuales me cuento, que son parte activa de este o aquel pueblo. Luego excitados *populistas*, entre los que no me cuento. Y, después, rasantes *populacheros*, de los que, definitivamente, me des-cuento.

★ Existe cierta tendencia a ligar todo a una supuesta actualidad. Es una especie de estilo ni ni, donde ni se escribe como periodista, ni como otra cosa.

★ Autoritario es el que no deja que el otro ejerza su autoridad.

★ Hoy esperar gratitud es una pasión inútil. Hoy el acto relevante, grato por añadidura, es que no suceda lo contrario.

★ Las posiciones *tomadas* de antemano emborrachan los intercambios.

★ Lo que me produce un profundo malestar es tener por respuesta un *sí*, que después es *quizás*, y, más tarde *nunca*. Prefiero un *no* tajante y apacible que después, más tarde y a posteriori es *no*. A esto llamo la virtud de la negación.

★ ¿Cuál es su virtud?, le preguntaron a un caminan-
te. Mi virtud —respondió— es mi defecto. ¿Y su
defecto? Mi defecto es el defecto de mi defecto. ¿Y
éste en qué consiste? Mirando a lo lejos, dijo: seguir
hablando de esto.

★ Me (nos) parece repugnante y contrario a cualquier
hábito educativo masticar antes los alimentos que
otros deben ingerir. Y, sin embargo, esto es lo recla-
mado e impuesto por la ingesta del conocimiento.

★ Los recuerdos tempranos son tales porque siempre
llegan tarde.

★ Ningún método artificial para librarme de las ca-
nas. A menudo tomo un número considerable de
ellas, se las encargo a algún pensamiento que sale
de paseo y las abandona al capricho del viento.

★ Volviéndome hacia la actitud descalificatoria de algunos, confundida con la crítica, veo que nunca he tenido su fortuna: con una pincelada han pintado la pared.

★ Pongamos todos los gatos en la misma bolsa, y sólo escucharemos el ruido de maullidos indistintos.

★ Necesito estar intranquilo, muy intranquilo, para vivir. Pero tranquilo, muy tranquilo e intenso, para escribir lo que vivo.

★ El mal consiste en hacerlo presente al invocar el mal.

★ Uno de mis deseos más persistentes es morir como nací, sin ruido.

★ Cada vez me gustan más las mujeres que se parecen a las mujeres. Sólo se trata de una preferencia estética que me regalo al pasar.

★ Cometer errores, en realidad, no es ningún problema. El problema es no reconocerlos, pues en ese momento se vuelven incorregibles.

★ Un apunte sobre la justicia para amigos y conocidos: si no ordeñé las vacas gordas, por qué deberé alimentar las vacas flacas.

★ Existe gente, más de la deseable, que navega por la vida sabiendo de todo, sin darse cuenta de nada.

★ Hay muchos, demasiados, que consideran un exceso que coma de lo que produzco.

★ Una palabra le dijo a otra malherida: estás en coma hasta que llegues al punto.

★ Un mero subrayado para la crítica de Internet. Se trata de la profunda injusticia con Da Vinci, pues ha generado demasiados Leonardos de juguete.

★ Hay una exquisita danza y una sublime música de la naturaleza en nosotros. Sólo es cuestión de disponer la orquesta y una danza adecuada.

★ No existe catástrofe natural que no ponga de relieve una social.

★ A la progresiva extinción de la co-rrespondencia en el correo tradicional, le sigue la desaparición de la carta de amor. En su lugar surge el casi único género de la «factura» (de gas, luz o teléfono), y el subgénero de los resúmenes de cuenta, de una difusa e incomprensible propaganda publicitaria y ocurrentes envíos. En una palabra, se han sustituido los servicios del amor por el amor a los servicios.

★ «Una imagen vale más que mil palabras». Pero... si esto es pura palabra donde escasea la imagen.

★ Un epitafio posible para mi tumba sería: trató de no molestar a nadie sin lograrlo y fue insistentemente molestado por algunos a los que jamás molestó.

★ Cuando alguien envejece bien debe saber ceder el paso, la comida y las oportunidades.

★ Perseguir una idea hasta al final, sabiendo que no lo tiene. ¿El premio? El placer del movimiento y sus dolores. El gozo de correr tras una idea que no tiene espaldas.

★ El hombre moderno vive asediado, bombardeado, torturado, por la oferta de servicios de todo tipo. Los tres participios señalados arriba lo dejan fuera de toda participación. La oferta mencionada no lo busca como usuario de los bienes ofrecidos, sino como adicto a los males y disfunciones por venir. Se desea, sustancialmente, que el servicio se convierta en un vicio del ser.

★ El «refinamiento» actual consiste en abusar de las esdrújulas y las sobresdrújulas, donde podría usarse un lenguaje estéticamente más llano y apreciable. Ello se corresponde con rodear un estado de cosas mediante frases que lo evitan. Así, «umbral de la pobreza», «pobreza severa», «aguda pobreza» o «pobreza agravada», desgravan la palabra que las resume sin agravantes: miseria. O la frase que la señala: rumbo a ella. De modo que la fraseología reinante castiga dos veces al que la sufre, en la cosa y en el lenguaje.

★ Un hombre sistemática y voluntariamente endeudado, cuando sueña lo hace como el ganso del que hablaba Freud. Sólo sueña con su necesidad. Así se vuelve el asesino de sus sueños.

⋆ El dolor es un desgarro que achica el mundo.

⋆ ¿Es verdad que para ser banquero hay que tener algo de asesino? Falso. Por desgracia ese es un error muy difundido. Para ser banquero hay que *ser* asesino.

⋆ Uno no debería lamentarse por lo que es, sino por lo que deja de ser.

⋆ El futuro es el fugaz adelanto de un pasado que no ha terminado de pasar.

⋆ El miedo es un odio —hacia una fuerza diferente— acobardado de sí mismo.

★ Cuando esa mujer o aquella quimera las quise atrapar con mi mirada, enseguida las tuve. Pero, en ese preciso momento, lo que huyó de mí fue la mirada misma. Así supe que la fuga era su esencia.

★ Cuando la gente corre sólo tras su interés, se torna muy aburrida. Y esto por dos razones. Una porque reduce su ser a ser interesado. Otra porque es totalmente predecible.

★ Una lectura que requiere ser lenta, cuando se hace rápida no se torna veloz, sino torpe.

★ Cuando se cree haber atrapado un pensamiento, en realidad ha sido preso en una consigna.

★ ¿Cuál sería el nombre de una esquina? Quizá, espera. O, tal vez, libre tránsito o choque de opiniones de cómo manejar la vida.

★ Quien no tiene amigos, no puede tener enemigos. Sólo es un asistente más a la «escuela de los indiferentes» que tan bien pintó Giraudoux.

★ ¿Qué es la felicidad? Quizás, ahora, como entonces, la esquiva serenidad de ánimo y el sueño placentero de los órganos.

★ La esperanza se me ha presentado, en distintas ocasiones, en la sala de espera de los aeropuertos junto con el miedo a volar.

★ Un hombre envejece, un perro se vuelve viejo, ese viejo caballo nos merece un cuidado especial; ¿por qué la tierra y el cielo, que nos preceden desde siempre, no son viejos ni envejecen?

★ Gastronomía de los afectos: con el tiempo, a tiempo, he ido convirtiendo mis dolores en sabores.

⋆ ¿Por qué admiramos la complicada y minuciosa maquinaria de un reloj de marca, y rechazamos la relojería que marca a un texto que nos marca?

⋆ ¿Cuál podría ser el destino de un libro? Dejar que se convierta en bosque. Que su sombra y su verdear arranquen del letargo a un posible lector.

⋆ Un «rayito de luz» sólo ilumina si viene envuelto en un manto de sombra.

⋆ Porque la sombra deshace las certezas podemos asombrarnos.

⋆ ¿La «pátina del tiempo» no es acaso el derrame de una sombra inmemorial sobre un objeto cualquiera?

★ *Ello*, oscuro e inquietante, es la condición misma de la clara y apacible lógica diurna.

★ La mayor parte de mi vida he alquilado un lugar para vivir. La mayor parte de mi vida jamás he alquilado una idea.

★ En un sentido restringido deberíamos crear, constantemente, neo-logismos. O sea, nuevas formas de hablar, decir y vivir.

★ Habría que considerar bajo otra perspectiva la noción de lo rígido, inalterable, o sea: la idea de dogma. Una institución que basa su larga existencia en dogmas, como la iglesia católica, haría, entonces, que lo dogmático impulsara una paradoja. Los dogmas posibilitarían, simultáneamente, la mayor fijeza y la mayor flexibilidad.

★ No existe la indiscreción a secas. La indiscreción nace del encuentro desafortunado con un semejante.

★ Para escuchar borbotones prefiero dialogar con un manantial.

★ El verdadero «interior» se encuentra entre la punta de la nariz y el suelo, lejos del alcance de la mirada.

★ El pensamiento graba sus palabras en la pizarra del silencio.

★ Desconfiemos en salud de los países que aman desmesuradamente a sus muertos, y matan sórdidamente a sus vivos.

★ La muerte es el pasatiempo de la eternidad en nosotros.

★ Casi siempre estuve rodeado de gente desinteresa-
da. No le interesaba lo que pensaba sino lo que no
alcanzaba a tener.

★ La cobardía es más un exceso que una falta. No está
tan aferrada a la falta, como se marca a menudo,
de valentía como al exceso de una traición, siempre
a punto de ser realizada.

★ Creía estar registrando el tiempo de cocción de los
spaghetti; y en realidad estaba viendo transcurrir
un fragmento de mi vida.

★ La disposición posmoderna frente a la vida podría
caracterizarse por cuatro elementos, el último dis-
minuido. Sin querer asignarles un orden, pudiera
ser este: ignorancia, soberbia, banalidad, y cierto
grado de idiocia.

★ Solecismo: haber tomado sol en un momento inapropiado del día, y posteriormente ponerse a escribir.

★ Hay quienes han quedado agotados después de una ardua carrera. Y están aquellos que se cansaron antes de correrla.

★ Gente que se interna en los laberintos de la comunicación. Gente que se *interneta* en cualquier galaxia. Gente enterándose de todo y de algo. Gente sabiendo nada.

★ ¡Qué despeñadero! Me regocijo mirando de reojo este día en el almanaque, matando sin piedad el tiempo. Y, sólo porque está próximo el momento de mi jubilación.

★ La autocompasión entraña una desmedida exigencia hacia el otro.

★ La autocrítica es un exceso de admiración hacia uno mismo.

★ El hombre actual no es ni sapiens, ni ludens ni uni-dimensional. Es un hombre métrico. Está permanentemente calculando cuántos metros o centímetros obtiene del otro, y cuantos milímetros o nada, le devuelve.

★ Yo mido la inteligencia de una persona con una sola vara múltiple: el reconocimiento preciso de quién es su interlocutor.

★ Una observación para la edad avanzada, respetable, aunque no respetada. Soñar hasta el cansancio, comer apenas lo necesario, dormir hasta la barbaridad. Y, eso sí, cuando uno este despierto debe estar bien despierto, para no ofender a nadie con defecciones solapadas en la cronología.

★ ¿Cuándo se desmorona una lengua? Cuando los usuarios se sorprenden de que sus posibilidades sean usadas.

★ La mejor manera de guardar un secreto es publicarlo en un libro.

★ «Somos todos iguales», además de una frase inquietante, es una aberración ontológica. «Somos todos diferentes» es un dicho irrelevante, pues se limita a repetir una evidencia. Nos iremos haciendo iguales, siempre que habitemos el lenguaje de las diferencias, en un verdadero camino hacia lo humano.

★ En un punto un personaje soberbio es peligroso, porque no satisfecho con la ampulosidad de su gesto obliga al otro a despreciarse.

★ Muchas mujeres actuales, en las sociedades de consumo, se han convertido en las monjas del confort. Una versión de las esposas de Cristo. Ahora éste yace en la cruz, donde se cruzan la tecnología y el dinero.

★ «¡Ni siquiera sé hacer un huevo frito!», exclama un fanfarrón habitual. Y yo escucho: «No sabría cómo sobrevivir, sin que alguien se sometiera a mi discapacidad».

★ Con el incremento del control sobre el cuerpo, la publicidad se ha convertido en *pubicidad*.

★ Observación para los eficaces. Si cargas a alguien, que soporta cincuenta kilos, con doscientos: o destrozas su cuerpo o rompes la carga.

★ Cuando las posiciones están tomadas, los que las sostienen lo hacen siempre como borrachos.

⋆ En los cenáculos actuales, llenos de iluminados, poco y nada se piensa. Todo, en cambio, es objeto de
conspiración.

⋆ La banalidad ha dejado de ser un estado personal,
para convertirse en una estrategia mediática y en
una política de estado.

⋆ De mis amigos siempre he admirado una cosa: la
generosa ausencia de comentarios acerca de lo que
he pensado y escrito. Del resto se han acordado sin
esfuerzo.

⋆ Siempre he creído en la autoridad que reside en la
palabra y el sueño. Jamás me ha importado obede-
cerla, aunque he desobedecido, permanentemente,
todas las voces de orden y los gestos de mando.

⋆ Un amigo verdadero muere, cuando sucede, en un
instante sin tiempo.

★ Un verdadero amigo deja todo en suspenso, y muestra que las enemistades son simples variantes de lo que anuda la amistad con su verdad. Un epitafio para un amigo verdadero: tan cerca y tan nunca.

★ He perdido mucho tiempo, y lo agradezco, porque con él extravié cardúmenes de tonterías, envidias, mezquindades y otras pérdidas de tiempo.

★ La mentira siempre es paradojal: es útil e inservible, a la vez, para la vida social. Es útil cuando funciona como excusa, no daña e indica que es mejor hablar de otra cosa. Es inservible cuando el daño es inevitable y la manipulación buscada hasta el tormento. Sólo a esta última debería cortarle el paso la verdad.

★ «Mentir, mentir que algo quedará» es una frase cuyo resultado es la devastación.

★ Las flechas, más cuando son de pensamientos, requieren un solo arco para guardarlas, y un solo libro donde queden registradas sus posibles trayectorias.

★ Alguien, furioso y desencajado, me dijo que estaba contra todo tipo de polémica.

★ La libertad no es un don, ni una marca de nacimiento, ni una gracia, ni un derecho, sino un grave problema: el de los que no la pueden gozar.

★ La exaltación de la víctima y el victimismo (como se la manipula en la actualidad) es, simultáneamente, la del crimen en sus diversos modos.

★ ¿Qué es una oportunidad? Es una especie de buena suerte que, en su momento, juzgamos inútil.

★ Más de un pensamiento encarnado, de la encarnación y similares, tiene su origen en las uñas encarnadas.

★ Los binarismos, dualismos y demás, son tan inevitables como peligrosos. Inevitables por la necesidad de simplificación que parece requerir el ser humano. Peligrosos porque su afán pedagógico deja afuera todo lo que se debería aprender.

★ Cuando veo una persona soberbia, fanfarrona o prepotente, siempre pienso lo mismo: éste embaucó a alguien.

★ Pensar es caminar sobre las palmas de las manos.

★ Extrema decadencia: hacer del pensamiento y la escritura un raso capítulo de la moral civil.

★ Un verdadero atentado contra la vida: hablar elogiosamente de los muertos sólo porque están muertos.

★ Un cristiano le dice a un musulmán: ¿por qué sois tan fundamentalistas? El musulmán le responde: ¿y vosotros? El cristiano, un poco mosqueado, le replica: pero nosotros tenemos fundamentos para serlo.

★ Ha sido habitual que alguien, con un libro mío en su mano, esperando por una dedicatoria, me lanzara una pregunta que siempre me dejó atónito: ¿de qué va tu libro? Y, siempre pude dar, de forma monótona, la misma respuesta: va de leerlo, como cualquier libro.

★ La banalidad nos ha vuelto cada vez más complicados, cada vez menos complejos.

★ ¿Qué es un hábito, un verdadero hábito? Un hábito es la necesidad de convertirse en paisaje para dejar de ser *yo*, aunque yo crea tener un hábito.

★ Divulgar es poner en juego, de manera simple, lo que es por esencia de alta complejidad. Pero, *divulgar* es todo lo contrario del decir vulgar, del *dí-vulgar*.

★ Me he ido convenciendo de la sutileza (opuesta a la coquetería) del pensamiento, recién ahora que me visto de otra manera.

★ Escuché repetidas veces, «en materia religiosa no soy practicante, pero sí un firme creyente». Ahora bien, ¿cómo se mantiene una creencia sin practicarla?

★ La tontería siempre necesita de la comparación para entender algo.

★ Lo que tenemos principalmente en común con la cultura española no es la lengua —como se cree a menudo—, sino que aprendemos tarde y olvidamos apenas clarea el día.

★ ¿Cómo habitar una casa? Sólo hace falta una cosa y ella queda rebosante de plenitud. Un pequeño aparato que exhale música, extraña al ruido eléctrico amparado bajo ese nombre.

★ Comenzó siendo verdugo de la mala poesía. Hubo comentarios. Por ellos terminó siendo verdugo de *la* poesía.

★ Alguien decía que ser estafado, no estafador, era una insoportable inmoralidad. Y no porque disminuyera su patrimonio, sino porque se insultaba su inteligencia.

⋆ El tiempo no es ni pasado ni presente ni futuro. Tampoco la negación de sí mismo. El tiempo es lo que dura, más duro que el granito. Es un material que conviene estudiar a fondo.

⋆ Los desencuentros, cuando la búsqueda es genuina, son como esos prólogos que no cuentan nada del libro, aunque son los que alimentan su lectura.

⋆ Una moda impuesta por las editoriales y absorbida por infinidad de *lectantes* son esos libros voluminosos donde se acumula de todo y no se piensa en nada.

⋆ La Argentina actual, que fuera aquella de Borges, Houssay, Tosco, Cortázar, Palacios y una lista interminable, ha logrado ser, década tras década, todas a pérdida, un capítulo sobresaliente de la novela policial negra. (¡Hasta la derrota siempre!).

⋆ Si uno no repulsa el exceso que nos rodea y apresa, uno mismo *es* ese exceso.

⋆ Una moral sin ética es el arma arrojadiza de los *oportunos*, espectaculares cínicos (con perdón de los genuinos) modernos.

⋆ La piedad, cuando no va ligada a un justo sistema de sanciones, alimenta un espurio victimismo. Así se produce la *inversión* (en todos los aspectos) sentimental que realiza el victimario.

⋆ La palabra *dolor* quizá sea una de las más alejadas de la afección dolorosa. Es decir, no puede arrogarse su representación, pues en ella se esconde también el simulacro fraudulento (dolo-roso) que puede representarla.

⋆ Actualmente la única patria que compartimos es la banalidad.

★ La gente hoy gusta de mostrar —esto es notorio en el metro— lo voluminoso que es el libro que está leyendo. Así cree que ese señuelo editorial indica una lectura de gran volumen. Por eso es preciso exhibir algo así como un *voluminoso* y *pesado* gusto por esas maletas llenas de hojas de papel; esos muertos insepultos.

★ Toulouse-Lautrec, escuchando la opinión de un señor alto y arrogante sobre sus dibujos, le susurró en voz baja y perfectamente modulada: creo que usted no tiene la estatura adecuada para apreciarlos.

★ El gran padecimiento actual, quizá, ya no sea la neurosis, el estrés o esa disruptiva angustia. Me animaría a decir que es la pérdida de la *ingenuidad*. Y con ella la de la *sorpresa*. Y con ella sus compañías: la *falta de descubrimientos*, taponados por abundantes encubrimientos, y las variadas formas de *divertidos aburrimientos*. Y, como sostén de todo ello, el extravío de la *frondosa admiración*.

Hay, sin duda, un goloso olor para las narices de los sepultureros.

★ La gratitud es el regocijo del afecto.

★ Admirar ese destello que surge de improviso en algo o alguien traza el plano exacto donde la sorpresa cuelga de la mirada viva. Admirar sí, siempre que el *siempre* irrumpa lejos del niño embobado con la figura del adulto.

★ Me gustaría terminar este libro donde nunca se acaba.

★ A esta altura de la historia, de sus diversos relatos, todo lo casual (se descubre tarde que era) más que necesario.

★ Póngale a una idiotez un tono de solemnidad. Y enseguida verá que se ha convertido en una solemne idiotez.

★ La mujer es, quizás, más «objeto» que nunca. Sólo que esta vez se ha convertido en un objeto ansiado, edulcorado, hasta el cansancio, buscado sin tregua, objeto de un control desconocido. Hoy, en síntesis, es objeto de variadas políticas de estado ofrecidas como conquistas de género. Es cierto que se atacó, con poco éxito, el maltrato de género, pero atado a la máquina de coser.

★ Cuando la imaginación es vivaz y el concepto firme, el paso se vuelve más lento, y afirmaría, hasta cansino.

★ Ahora, cuando pierdo de vista un objeto, no lo busco más. Tomo otro rumbo. Persigo mis obsesiones y sé que al final de ellas encontraré al objeto buscado.

★ Durante muchos años he musitado, cómo, a quién, para qué, intentar convencer de que mi gran anhelo, mi única meta, era tornarme imperceptible, que el poder era cosa de otros y acumular dinero de otros pocos. Al final, sin darme cuenta, el recurso más sencillo me encontró, dejé de ser una sombra (decían que «hacía sombra», demasiada) no estando. A partir de ahí las expresiones, en cruces ocasionales, fueron «nunca apareces», «jamás se te ve», «no hay noticias tuyas», etc.

Privilegio de las sombras que no se dejan atrapar como datos o visiones o decires o apariciones ni echan sus cegueras serenas sobre ningún recién llegado.

★ Me he acostumbrado a ser prudente, sobre todo con lo que no alcanzo a entender. Así me ahorro los desgastes de la tontería, concilio un sueño placentero y esquivo más de un insomnio poblado con ojos de búho.

★ Si no tiene nada que decir, dígalo lo mismo, pero en voz alta, mejor: casi gritando.

Así se gesta la gente de *carácter*, es decir, la que sabe *imponerse* como autoridad por encima de toda autoridad. Y, a menudo, sin tener ninguna.

★ El clima psicologista que domina la cultura actual ha reemplazado la solidaridad por la culpa. Es decir, el individuo promedio se ha *solidarizado*, solidificado, con su yo como punto de partida de toda relación válida con su semejante, ese otro yo.

★ Hoy, realmente hoy, asistimos a la «muerte de Dios». La Biblia es su palabra, sea en hebreo, arameo o cualquier otra «lengua del paraíso». Y hoy, como nunca, la palabra está bajo la admonición cotidiana: «la palabra no vale nada» o, más fuerte aún: «su palabra es letra muerta». Con ella, mediante ella, es Dios quien ha muerto.

★ Generalmente el argentino medio piensa así: donde no estoy de acuerdo, juzgo. Jamás se le ocurriría pensar: donde estoy en desacuerdo, escucho.

★ ¿Satanás? El Espartaco de la teología.

★ Algunos lemas que van esbozando el atisbo de un fascismo amordazante actual: «una imagen vale más que mil palabras»; «una foto muestra una escena mejor que todo lo que se pueda decir sobre ella».

Mi estupor consiste en preguntarme, ¿cómo puede ser así, si esos «no hay objeción posible» es necesario decirlos con palabras?

★ Las palabras son como cofrecillos que tienen otras dentro, en un juego de muñecas rusas, donde la última es sólo un homenaje a la memoria del conjunto.

★ La obstinación por el poder siempre nos hace dar un paso atrás, no para saltar mejor y más largo, sino para asegurarse que permanecemos atornillados, amando lo que nos esclaviza.

★ Una confusión habitual en el universitario o similares —como tal la padecí durante años— es su creencia en los títulos como condecoraciones. Y, quizás, lo sean como partes de las guerras que deberá librar, nunca de la producción intelectual alucinada por la posesión de emblemas.

PASOS DE PASAJE

Puntuaciones verdinaliceas

★ Los dos puntos verticales: reserva del más misterioso de los números, el dos.

★ Coma, Es esencial para vivir, además de marcarle ciertas pausas a un relato.

★ Punto. Una mosca posada por equivocación en un lugar aceptado.

★ Paréntesis (justicia compensatoria) Lo que se abre debe cerrarse.

★ Diëresis carga contemplativa que agobia a ciertas vocales y a más de una pronunciación.

★ ¡Signos de admiración! dardos clavados en la irrupción de una sorpresa que nos sobrepasa.

Saturación verdinalicea

De lo que estoy cansado.
Estoy cansado:

★ De los que se creen Pavarotti porque cantan en el baño.

★ De los que hacen cola, agachan la cabeza, y les parece normal, para pedir un crédito bancario. Y les parece completamente anormal dar crédito a un semejante.

★ De los que consumen sus propias vidas en nombre del consumo.

★ De los que rechazan lo que no entienden, sólo porque no lo entienden.

★ De los que andan por la calle con su libra de neurosis y los elogios de su madre.

★ De los que comienzan una frase con el pronombre
yo.

★ De los que repudian la historia porque no tienen
una que contar.

★ De las reivindicaciones textiles sobre los géneros.

★ De la mezcla de viveza e idiocia que ha hecho escuela.

★ De los complicados, enemigos de lo complejo, y de
los ramplones, denigradores de todo lo que sobre-
pase la suela de sus zapatos.

★ De los estériles desapasionados, que sólo gustan de hacer discursos sobre el cuerpo y las emociones.

★ De los que nunca son inoportunos y siempre oportunistas.

★ De los que no sabiendo nada la elevan a ser todo.

★ De los que aprovechan cualquier ocasión para relatar sus experiencias, como si lo que escriben o hablan fuera la escena machacona de una reunión de alcohólicos.

★ De que la violencia de género sea el exceso de una persona sobre otra, y no la violencia genérica y social invadiendo las alcobas.

⋆ De que las series americanas triunfantes estén vivas gracias a los cadáveres.

⋆ De los que viven clamando que somos todos iguales, y no hacen nada para serlo.

⋆ De la agresividad silenciosa, que pasa por ser buena educación.

⋆ De los cultos extremadamente ignorantes que confunden su formación con las búsquedas en Internet.

⋆ De que la confrontación de ideas no se resuelva en su espinoso campo, sino en el tufillo conspirativo o en los susurros de las instituciones.

⋆ De los paranoicos de su propia sombra.

⋆ De los que repudian las determinaciones económico-
políticas, y su vida se rige enteramente por ellas.

⋆ De los que confunden los pensamientos con las ocurrencias.

⋆ De los que no saben controlarse, pero también de
los que olvidaron indignarse.

⋆ De mí, de no sospechar la existente ingratitud y
toparme a cada momento con ella.

⋆ De los que sólo quieren donde no pueden.

⋆ De la nueva especie que ha dado el capitalismo
postindustrial: el nuevo rico ostentoso. Detrás de
un «nuevo rico» hay siempre un viejo pobre resentido.

★ De grandiosas excitaciones verbales cuyas realizaciones siguen siendo grandiosos relatos de lo jamás
ocurrido.

LOS PENSAMIENTOS SON COMO PELOS
QUE NACEN HACIA DENTRO
ENCONTRÁNDOSE JUNTÁNDOSE EN SU
DESENCUENTRO

MEDITACIONES

Ser y nada

★ Lo que se opone al ser majestuoso, estático, gélido, no es la nada. Es la nube, coral o distante, densa o esparcida, siempre dispuesta a tomar las formas que extravían las ocurrencias de los vientos.

Estampitas

★ 2008. 6 de Enero. En Madrid oigo, de manera re-
petida, «la tradición manda». Es, sin duda, la tradición deseada por el franquismo, acuñada en el
lenguaje e insistentemente volcada por los medios.

Si «la tradición manda» y no marca ni se desga-
rra en lo más íntimo, entonces impone la sombra
patética de su propia dictadura, celebrada como si
fuera la fiesta de una libertad singular.

La verdad siendo

★ Respecto al tópico de la verdad se ha dicho casi todo; y, casi todo, ha permanecido mudo. Se le ha negado existencia, «no existe», aunque persiste. Se ha denunciado su apropiación ilegítima —«cree tener la verdad»—. También su faraónico hallazgo, «por fin encontró la verdad». Y su platonismo devaluado —«sólo puede tenerse a medias»—. Por otro lado, se ha dado una consolación distributiva de sus bienes, «cada uno tiene su verdad». O la exhibición boxística de sus criaturas —«verdades de a puño»—. O la carga plomiza de su evidencia: «la verdad agobia». O el peso sentimental de lo intolerable: «la verdad ofende». Pero, en el paulatino silenciamiento de la verdad, se ha ido escamoteando su atributo y capacidad de grito. Éste se lo ha opacado en una serie de obsesiones ajenas a sus mutaciones; sea en la concordancia entre lo mencionado y su referente acerca del mismo; sea en la certeza de una autoconciencia; sea en la convicción de una verdad que nos ilumina repentinamente; sea en la compulsiva verificación entre lo que se enuncia y el estado de cosas. En fin, sea donde la verdad opere a pérdida. Es decir, donde la verdad sea doblegada ante el deber ser de la resignación. Condenémosla a ser relativa para dejarla de lado. Alabémosla como absoluta para devastarla. Actuémosla como lo que siempre deja de ser (y que no está contemplado

en ninguna de las especies mencionadas), como ex-
ploración incierta y búsqueda desencontrada, que
si cesan, habrán encontrado, acertado, verificado,
etc., las causas de su deceso.

Mediaciones

★ Realmente nunca he sabido muy bien qué se mencionaba cuando se hablaba de clase media. Si era una clase que estaba en medio de otras. Si era la mediadora entre un número no especificado de sectores. Si era la media estadística de la posición de ciertos sujetos. Si era la mitad de una clase, lo cual, paradójicamente, la hacía desaparecer como clase. Aunque, quizás, podría ser todo eso a la vez. Es decir, la parte perdida de sí misma, de una mitad que nunca existió.

Memoria de los signos

★ La pregunta sigue siendo el rasgo fundamental de todo decir. Los signos de interrogación que la abrazan, sin poder encerrarla, guardan una cierta memoria ideográfica. ¿Han percibido que son como delicadas orejas que escuchan lo habitualmente inaudible?

Escuchar el silencio

★ Tener afinado el oído no es, todavía, escuchar más
allá de toda masa sonora y del decir montado en
ella. Uno lanza una frase. Otro la acoge. Percibe lo
dicho efectivamente, lo no dicho imperceptible en
lo que se dice, lo que no se dice ni se puede decir. Y,
a pesar de todos estos entredichos, aún, no hemos
rozado el oído del alma, ese que escucha lo indecible
para que, como tal, haga permanecer el lenguaje en
su silencio.

Calco de vida

★ Persigo mi felicidad, mi calidad de vida. La obstinación parece infinita. Sin embargo la constatación
es finita. Mi felicidad es simultáneamente infelici-
dad global. Mi calidad de vida es la vida sin calidad
mejor distribuida del mundo.

Formaciones más allá

⋆ Transformaciones. Fuimos a buscar *eso*, en el lugar donde creíamos que estaba. Cuando abandonamos la creencia, supimos donde *eso* reposaba. Corrimos hacia ello, pero *eso* ya era irreconocible. Ahí nos dimos cuenta que a *eso* nunca lo habíamos conocido. Era el precio que debíamos pagar por haber querido someter a lo eternamente desconocido.

Cordialidad

★ Acostumbrado a leer caminando. De vez en cuando me siento y tomo notas. Por la calle me encuentro con variados personajes. En general saben todo lo que ignoran.

Unos me han visto hojeando el *Compendio de gramática hebrea* de Spinoza; o un ocurrente apartado de *das Kapital*, de Marx; o algunas de las conferencias de Freud. Entonces, con una sonrisa cómplice, acotaron, «siempre leyendo autores judíos».

Otros, en tiempos más nebulosos, me han observado rumiar, tras una taza de café, *Hitos* o *Tiempo y ser* de Heidegger; o *Eumeswil* de Jünger, o algún poema de Pound. Y, rápidamente, exclamaron: «¡son todos antisemitas y medio nazis!».

Algunos otros me encontraron borroneando comentarios dispersos sobre *El parado* de Vallejo; o sobre *La huelga* de Neruda; o sobre *Cartas sin dirección* de Plejanov, y me espetaron, «¡son todos comunistas!».

Durante uno de los paseos habituales subrayaba, en apurada simultaneidad, *Ética e infinito* de Levinas. Y *Políticas de la amistad* de Derrida y un capítulo de *Eros y magia en el renacimiento* de Culianu. Y otro de *Mil planicies* de Deleuze y Guattari y el *Poema conjetural* de Borges y uno más, *Arijón* de Paco Urondo.

Entonces, un voyeur ocasional vociferó sonriente: «¡qué mezcla, un cristiano almibarado, un judío ateo posmoderno, un zíngaro renacentista, dos anarcos irrecuperables, un aristocratizante y un subversivo! ¡Qué mezcla más extraña!».

Ahora salgo a caminar, como siempre, pero con un libro de bolsillo (los busco a propósito) y un pequeño anotador disimulados en la «alforja» de la gabardina, cansado de tantas intromisiones, no buscadas, ni deseadas.

En una de las deambulaciones ocasionales, vi reunidos a todos mis objetores culturales, departiendo amablemente en la mesa de un bar próximo a mi departamento. Me acerqué a ellos, les pregunté si no les molestaría que les hiciera una pregunta. Me respondieron al unísono, «¡de ningún modo!». Entonces les pregunté: «¿qué me sugerirían leer?». Me miraron desorbitados, unos con los cachetes lívidos, otros enrojecidos, y me gritaron a coro: «¡somos gente liberal, usted cree que somos sus jueces, que nos animaríamos a guiar sus preferencias o censurar sus gustos!». Les saludé cordialmente y les dije que abandonaría ese barrio; ese lugar de impregnaciones y vecindades, a menudo, poco deseadas.

Modosidades

★ En la actualidad se va propagando una coquetería neocartesiana. Sus portavoces, insuflados de una solemnidad trascendente, hacen pasar la línea entre la *cosa pensante* y la *cosa extensa* del maestro Descartes por vetustos territorios. Las cosas y los animales de un lado. El ser pensante y un desnutrido sujeto de la ciencia por otro.

Ahora el simulacro divisorio pasa por una impostura fundamentalista. La *vida*, que compartimos con los animales y las plantas, no es humana. Lo verdaderamente humano es la *existencia*, pues en ella habla el lenguaje de nuestra finitud y nuestras experiencias como seres-en-el-mundo. Un neologismo para cabalgar sobre una cultura diezmada. Y que con ella caiga todo lo que no sea existente. Nietzsche: detrás de una máscara otra más-cara.

Mordazas liberales

⋆ Circula un comodín tapabocas disparado a man-
salva, sin la más mínima contemplación ni aten-
ción hacia lo que se está diciendo o haciendo. Se
trata de un boomerang usado mecánicamente como juicio calificativo, «¡qué autoritario!» o «es un
autoritario». Ambos son del mismo género, sin diferencia específica. Son boomerang porque se vuelven
y califican a quienes los usan de modo frívolo y de-
fensivo. Además, son deslizamientos envidiosos que
reúnen, en un término, actos diversos que no pueden reducirse a caracterizaciones caracterológicas
o a propiedades temperamentales, pues no existe
«autoritario» ni «autoritarismo», si no están tra-
mados en un régimen de resignación o de fallecidas
resistencias. De esta manera circula esa moneda fal-
sificada donde, en sus efigies, no logra distinguirse
qué es un acto afirmativo, una decisión que puede surgir de una función asignada o implícita, o un
grito lanzado contra un universo desmoralizado, sin
fuerza siquiera para ser moral.

Así corretean los nuevos delincuentes de esa moral «progre», que no se sabe, ni nunca se sabrá,
si son «progresistas» o «progresivos», miembros de
una comunidad a trasformar o de una serie agónica.

Pero, sobre todo, deseantes de ejercer un «autoritarismo» efectivo, un «amor al poder» que desconoce
cualquier autoridad.

Fisiognomía indecisa

★ Que una persona sea juzgada (ello es inevitable)
por tener dos o más caras, es decir varias máscaras,
es un problema moral. Que su rostro intangible, no
fenoménico, se torne inaccesible, es una cuestión
teológica. Fuera de esos dos asuntos bulle lo verdaderamente humano. Se trata de que la mayoría
oscila entre múltiples decisiones sin poder tomar
ninguna. Y sin esa potencia cae la cara, desfallece
el rostro.

Un viejo sabio no un sabio viejo

★ Un viejo se vuelve sabio justo cuando se aparta de las mitologías cronológicas («la experiencia vivida me enseñó...», «el tiempo me dio la razón...», etc.) e imita al atleta del salto. Es decir, cuando ritma su carrera, mide sus pasos, dosifica sus fuerzas, se eleva con cuidado y respeta profundamente las vallas.

Elogio de la orfandad

★ Están los que se ligan con alguien funcional a su aprendizaje. He ahí los *alumnos*. Están los que siguen a una obra, a través de una persona. He ahí los *discípulos*. Están los que responden hipnóticamente a la cárcel afectiva e intelectual que les tiene destinada su líder. He ahí los *prisioneros*. Están los que fueron unidos casualmente a un prejuicio. He ahí los *rehenes*.

No están en ninguno de esos lugares los que son *huérfanos* en libertad.

Itálica

★ Sucedió en Italia. El animal que vive la amistad, que pasa por estar soldado al afecto humano, es el delfín. Uno con un nombre cualquiera, cuidado por una mujer especial para él, deja de comer cuando ella muere en una reyerta callejera. Si lo alimentan por sonda vomita; si no recibe alimento parece contemplar la figura ausente. Al poco tiempo deja cincuenta kilos de peso en el vibrato de sonidos desgarradores. Seguramente morirá. Sabe que la mano ausente, depositada todavía sobre su cabeza, no retornará. Por ello sus sonidos desarticulados se vuelven más estremecedores. Es la música de un homenaje pleno. La amistad arropa, entonces, a la muerte. Ya nada podrá deshacerla. La consumación realiza, así, una indisoluble comunión con la vida afectiva.

Fluyendo

⋆ En el hombre siempre se acentuó lo efímero. Polvo eres y en polvo te convertirás; «polvo, más polvo enamorado». Se trate de un pseudo origen o de la búsqueda de cierta unidad imposible, la constante es que el hombre deambula por caminos polvorientos para llegar adonde pasa la nada.

Ahí es cuando uno se da cuenta que el hombre nace de un olvido: el agua. La que lo riega y nutre, la que hace crecer su medio, y en medio lo arrasa, la que humedece, cuece y deja su sequía cuando desaparece, está en el origen de tal amnesia.

Pensar el hombre como amasijo de polvo y cenizas hace que su naturaleza sea concebida desde la imagen de un desierto sin oasis. Icono cierto, pero unilateral, marca de la devastación técnico-humanomística.

Una patética efigie poblada de vientos sofocantes, sin liquidez alguna, sin ninguna resistencia ni la fuga que el agua dibuja con sus remolinos. Erosión del polvo y las cenizas que confunden el morir con el cadáver y éste con la muerte. Es así como yo interpreto la desesperada advertencia de Nietzsche: «el desierto va creciendo. Desventurado el que alberga desiertos».

Carajos

★ Haciendo referencia a la moneda mexicana de ín-
fimo valor y al castigo del palo mayor de un viejo
buque, un eximio pensador exclamaba: ¿Qué *cara-
jo* tengo que ver, que ante cualquier escrito crezca
otro brote del árbol jurídico?

Sobran jueces de los otros, no convocados ni siquiera pagados, sentenciadores de su propia impoten-
cia.

Excitaciones actuales

★ Me repugnan las «torres de marfil» y los sillones
y divanes que las pueblan y la asociación del tan
bello marfil con sus piedras carcelarias.

Rechazo ese «bajar a la calle» a esa cotidianeidad
para enterarme de lo que pasa en ella, para com-
petir, obscenamente, con los periodistas, diciendo
que hablo desde la perspectiva de mi pensamiento.

Mentira de primera.

Pensamiento de segunda.

Textos de última.

Ni murallas confortables.

Ni uso del ascensor o de la escalera para espiar la
vida de los otros.

Vivir la calle, hacer del padecimiento y la alegría
de la calle el material elaborado de la escritura más
compleja, aún de la que parece más ligera.

A los setenta

★ Todavía, siete décadas después, lavo mis calcetines y mi ropa interior.

Me pregunto: ¿Por qué no dejo que nadie toque ese conjunto ni que lo someta a ninguna tecnología extraña a mis manos?

¿El juego infantil con el agua?, ¿mi lejana memoria líquida?, ¿las ilusiones de estudiantes que resisten a ceder, estrujadas una y otra vez?, ¿mi cercano deseo renovado en cada palabra que escribo? o ¿todos esos aconteceres juntos?

Seguramente todas estas preguntas en suspenso me impulsaran a responderlas. Así ambivalentemente colgadas de un presente que pasa siendo pasado.

Cristianismo

★ Cuando estaba dando una conferencia, alguien me hizo una serie de observaciones fechadas sobre una antigua gramática, decía yo, a la que le faltaba precisamente la gramática.

Al finalizar el evento, la persona que había realizado las observaciones se me acercó y dijo: disculpe mis objeciones, es que yo soy historiador.

Disculpe usted, le contesté, yo no tengo la culpa.

Encontrando un desencuentro

★ La muchacha o el muchacho de pueblo mínimo desean emigrar al pueblo mayor de la comarca. De éste a la ciudad más grande del país. De ésta a una ciudad relevante en el mundo. Ya llegados, el deseo sigue su curso. Ahora es necesario emigrar a la ciudad más importante del universo. Supongamos que se trata de Nueva York. Son acogidos en la Nueva meta, donde Dios tiene un sonido seco y cortante extraño a los murmullos naturales de su tierra natal. En ese momento la mala Nueva proclama a Pekín o Tokio como centros del mundo, pero entonces es imposible un renovado movimiento, el cansancio de las adaptaciones y los años claman, silenciosamente o no, por el reposo. Así presienten que su errar hacia adelante ya no es llegar a Tokio o Pekín, sino al lejano pueblo mínimo. Y, a la vez, que los repetidos lugares *encontrados*, eran el aprendizaje de un crudo *desencuentro*, sólo desde el cual el retorno tiene sentido.

Podando

★ Tomó las tijeras de podar. Miró las fotografías que testimoniaban sus recuerdos. Agitó las tijeras en el aire instalado entre su nariz y el labio superior. Las abrió y cerró a gran velocidad y cortó su respiración para siempre.

A Ricardo Piglia

★ Siento la edad de hoy, no como un sentimiento que avanza a pesar mío.

Es como un temblor que no me pertenece. Avanza, eso sí, desde fuera, imparable, perteneciendo a los que ya no están.

Los que estamos aquí, los que nos aferramos a este aquí y aquel ahora sólo cumplimos años. Pero esto es una vulgaridad. La muerte, querido hermano, esa que ayer te sedó de improviso en cuerpo y alma, es única. No es la cesación de una vida —como se piensa—, sino una memoria sin cuerpo animada por un alma desanimada. Un sollozo ahí, insinuado, colgado de una memoria incesante, siempre allá.

Despedirse, nada sirve; preguntarse cómo o por qué, sirve de nada. La verdadera despedida es no despedirse nunca, dibujar un gesto imperceptible despidiendo una brisa que copia el aire que se aleja.

Sueño a la siesta

⋆ El camino estaba marcado por las copas de los árboles; marcado arriba, entrelazado, anclado sobre tierra, adormilado y silencioso.

Al costado, en los múltiples lados, la danza de los pastos musicalizados por el viento.

La garganta de agua gorgoreaba con la espuma empujada por la incesante brisa.

Cientos de pájaros se bañaban en las puntas dispersas del agua, coloreada por el plumaje incandescente de las aves.

Y, en el fondo, una flor maravillosa de especie desconocida se echó a volar convertida en mariposa.

Todo se detuvo y yo seguí caminando con los pies diseñados por las hojas de las copas de los árboles, borrachas de verde.

★ Le voy a decir lo siguiente, ya que a usted lo noto excesivamente indagador y elíptico para mi gusto: yo no tengo ninguna creencia.

Le aclaro que de mi parte no existe ningún afán de hostigamiento, y si algo de él se deslizó acepte mis disculpas. Pero me queda una curiosidad. Usted sabrá que las creencias son hábiles cazadoras. No pescan con carnada, sino atrapan a los peces por la cola.

No entiendo qué quiere decir.

Nada ajeno a lo que usted afirmó mediante la creencia «yo no tengo ninguna creencia».

★ Un libro leído con pasión tiene varias señales inequívocas. Una manchita de café, otra de té o una insidiosa y pregnante de aceite.

Todo indica que ha sido «devorado» durante una distraída ingesta.

★ Dos conocidos se encuentran ocasionalmente, uno es historiador, otro lector de historietas. Este último le dice al primero. Estoy leyendo un libro que me parece magnífico. En él se cuenta, con testimonios veraces, que Hitler pasó los últimos años de su vida, levantándose por la noche mirando al cielo, juntando las palmas de las manos y llorando sin parar.

El historiador escrutó la cara del relator y le dijo: hay tres libros más consistentes que narran esa odisea de Hitler.

Bueno, dijo el lector de historietas de segunda mano, está claro que se trata del sentimiento de culpa del que habla el psicoanálisis.

Nada de eso, acotó el historiador, es algo totalmente diferente.

Bueno, debo aclararle que yo nunca me tragué por entero esas versiones sobre Hitler como encarnación del mal.

Lógico, agregó el historiador, el mal es demasiado grandioso como para encarnarse en un hombre de tan poca estatura humana.

Pero hay algo más importante. El libro que usted está leyendo, y sus gemelos, dependen de un pequeño librito que escribí yo.

Inmediatamente saca de su portafolios un breve opúsculo publicado por una editorial apenas conocida y le espeta que el contenido de los libros mencionados ha sido extraído de allí, sin citarlo.

En el opúsculo, publicado con anterioridad a los libros exitosos, se contaba de manera sintética lo que los otros hacían de manera extensa y detallada a través de diversas entrevistas.

Enseguida el pedido ansioso del historietista para hacerse con el mínimo librito se convierte en ruego ferviente de permiso para hacer una fotocopia del pequeño tesoro.

Con el texto en la mano, el historietista exclamaba: ahora podré desmentir las versiones del antijudaísmo visceral de Hitler y mostrar cómo ese traspiés histórico lo afectó hasta el llanto incontenible, hasta un arrepentimiento radical.

Entonces, le interesó mi versión, dijo el historiador. Le aseguro que está cerca de una verdad palpable.

No tengo ninguna duda al respecto, asintió el historietista.

¡Ah! dijo el historiador, volviendo sobre sí, lo felicito por su optimismo.

¿Cómo? Preguntó azorado la *h* menor.

Sí, estoy admirado —dijo la *h* mayor— por su convicción de creer que puede encontrar la verdad en una versión.

Para acabar con las versiones, inacabables por naturaleza

⋆ Si usted, en una discusión enardecida, ha mandado a alguien a la mierda, lo hecho des-hecho está.

Posteriormente es imperioso no refugiarse en el prejuicio habitual, diciendo: hemos mantenido con X una discusión acalorada, en la cual nuestras diferentes perspectivas llegaron a puntos desagradablemente altisonantes. Este es un posible ejemplo de barbarie..., sólo que estilizada.

Entonces, sólo diga, lo mandé a la mierda porque pensaba que eso *abonaba* su crecimiento.

Un nuevo escepticismo

★ Desde todos lados se impulsa a expresarse —en nombre de una libertad que se ignora en qué consiste—, a escribir sobre ello y, en lo posible, a publicar ese magma expresivo. La democratización de las pasiones, no la participación efectiva, parece ser el sustento de ese mundial ataque de *expresividad*. El argumento es simple, por eso carece de argumentación, es decir, de la complejidad que posee, pues todos podemos, y en el límite «debemos», escribir sobre lo que se nos ocurre y como se nos ocurre. Es difícil encontrar una etapa histórica donde haya tanto papel borroneado, plagio incesante y amontonamiento de *novedades* banales en todos los planos. La mentada libertad adquiere, así, el carácter de un ejercicio estéril, salvo en los casos donde coincide con el lucro editorial.

Pero la irónica desolación señala un movimiento simultáneo de inversión. Más —inmensamente más— se publica, menos —infinitamente menos— se lee, ¿sabiduría práctica?, ¿indiferencia expandida?, o ¿escepticismo en acto? Quizás ésta sea la respuesta efectiva a la serie de «escribidurías» que reinan y a la existencia de millones de volúmenes y tan pocos libros.

A este rotundo fracaso de la «expresividad» colaboran los media y el desencajado negocio editorial que promocionan sólo lo comercializable, usando cierta indiferencia reinante para alentar a sus capturados para que pasen del estado de fascinación al de total enajenación, donde la lectura se confunde con una de las tantas actividades que modelan el ocio. Claro que a todo esto se le oponen honrosas excepciones. A ellas me pliego sin reparos. Y esto es ser, para mí, verdaderamente popular. Dejar la basura en los basureros y no en la puerta, el comedor o el dormitorio de una casa cualquiera. Repito: lo antipopular es lo que hoy se ha popularizado.

★ Los libros se supone, en general, que están hechos para forzar o vapulear la educación, la imaginación o impulsar las creaciones en sentido amplio. Y se cree, a mi entender bien, que no pueden incitar a ninguna destrucción porque dicho empuje sólo sería una ilusión de la conciencia. Los libros, aún los que se han convertido en manifiestos de la aniquilación de todo lo existente, no han hecho otra cosa que disparar fuerzas opositivas que generaron creaciones perdurables. Todo libro, que lo sea, rehúye las voces estridentes, voluntarias y teológicas del apocalipsis.

Pero, imaginemos, por un momento, una docena de pesados «libros» en una maleta de viaje. El movimiento del vehículo, sea cual fuere, deja los frágiles objetos que componen el equipaje a merced de los compactos desplazamientos de los textos. Finalmente ellos sucumben, destrozados, estrujados o malheridos. Así se han tornado, en su encierro, en armas mortíferas. Se ha cumplido la profecía. Hay, por lo menos en una maleta, una docena de «libros» destructivos.

Sin embargo dichos «libros» ni siquiera han tocado a las criaturas atacadas en su integridad. Ellas, en cambio, han sido el objetivo no buscado del loco meneo de una serie de *volúmenes* que tienen factura diferente; su encuadernación, su diseño, la letra impresa, el gramaje de la cartulina y las hojas, etc.

Son ellos, carentes de pensamiento y escritura, los que dañan al frágil lector encerrado con ellos en una maleta figurada, más no figurativa. La concurrencia de todos los *volúmenes* existentes, restados los *libros* persistentes, en un instrumento de viaje que los absorbe indiscriminadamente.

Los *libros* no pesan, ni se vuelven compactos proyectiles. En cambio los *volúmenes*, que hoy dominan las pequeñas y grandes tiradas editoriales, son una pesada y letal descarga a la cabeza de los lectores, convertidos ya en una frágil y vacía maleta.

Pérdida de perspectiva

★ En un hotelito de provincia solicité una balanza doméstica con la intención de que mi maleta no excediera el peso permitido.

El recepcionista me lanzó un meteórico «ya la tiene».

Yo pensé que me contestaba «enseguida se la mandamos a su habitación». Pasaron muchas horas y la «medida de lo justo» no llegaba.

Llamé para averiguar la razón de la tardanza, pues había advertido de mi urgencia.

La respuesta fue un seco «ya la tiene». Vuelta a la espera del aparato.

El futuro inmediato se alejó nuevamente.

Volví a insistir. Esta vez una voz melodiosa me repitió la misma frase —«ya la tiene»— en un tono musical.

Retorné a la espera y nada sucedió salvo mi rumia sobre muchas cosas irreproducibles.

Levanté la mirada hacia lo alto y contemplé nubes persiguiéndose en un juego atmosférico. Miré a izquierda y derecha y a una pared le siguió otra.

Resignado fui al baño considerando cómo planteaba mi próxima exigencia. Ahí en un esfuerzo des-

preocupado los ojos cayeron hacia abajo. Y ahí estaba una balancita cuadrangular y comprendí que
«ya tenía» la perspectiva que no usaba.

Un vaso de agua

★ Es habitual que uno le pida al camarero, en Buenos Aires, «por favor, un vaso de agua». La primera respuesta, casi automática, será «¿un vaso con agua?».

Es notorio que no responde con un servicio, sino con una corrección, incorrecta falta de corrección. Yo suelo responder con otra pregunta, «¿le parece a usted lo mismo hablar *de* mujeres que *con* mujeres?». O, «mire qué barbaridad, ¿hablemos *de* fútbol será lo mismo que hablemos *con* fútbol?».

En cambio, si uno pide un vaso de vino, de whisky o de ginebra no habrá corrección alguna.

¿Será que donde el servicio es gratuito —un vaso de agua no se le cobra a nadie— también lo es el lenguaje?

A José Ingenieros

★ Ese argentino medio, aquel que parlotea demasiado, esa forma de esconder la palabra, siempre a
medio camino de ser dicha, se acostumbró a que
se la quitaran del medio a *medio*; así se habituó
—naturalmente— a inclinarse hacia los distintos
poderes y gestiones que se la arrebataron en el mismo nido de su silenciosa complicidad; sin embargo
insistente en *parlotear* bajo su color medio, medio,
medio-cre.

★ He notado que el español medio tiene un punto de detención, de vacío, que lo invade a menudo durante cualquier conversación. Algo así como un gesto de menos.

En cambio el argentino medio posee todo lo contrario. En el curso de una conversación genera muchos cortes y constantes intrusiones. Algo así como un innecesario gesto de más.

En ambos casos hay otra cosa que una semejanza invertida. En el primero la detención es imposible ponerla en movimiento y el vacío se torna incolmable. Así el gesto de menos se llena de aires quietos y tonos crispados. La contención posee el tono de la represión ancestral.

En el segundo la inquieta intrusión y el gesto de más que la acompaña es la puesta en escena de un saber paradojal. Simultáneamente a la oreja atenta irrumpe una especie de saber universal que ese gesto de más sostiene, aunque por sí mismo ha caído hace mucho tiempo bajo la capa-cidad de la opinión incierta. Sin embargo el gesto de más se impone y pasa a ser la improvisación de la ancestral compulsión, también, a la repetición.

Acabando. En uno y otro caso ni falta, ni sobra. En uno y otro caso lo que falta y lo que sobra es lo que los *constituye* más allá del tiempo ancestral, más acá de los gestos y sus indetenibles retornos.

ALGUNAS MEDITACIONES
(DES)ARTICULADAS
(LAS DEMÁS ESTÁN CONDENADAS EN VARIOS LIBROS ANTERIORES)

Un grito desde la mirada

«Mandar es saber mirar a los ojos», decía Napoleón. Probablemente dejó de lado o parafraseó algunos equivalentes, como «decir la verdad es sostener la mirada», o una más cercana de nuestros políticos desclasados, como «mentir es saber esquivar la mirada que apunta a los ojos».

En congruencia con esto último me encuentro mirando atónito (estado habitual últimamente) un programa periodístico de medio tono, civilizado, llamado «Bajo Palabra». Antes había observado otro denominado «Hora Clave» (como si hubiera una clave, una unidad subyacente al tiempo; deseo inconsciente de su desaparición).

En el primero el Doctor Ado Vasques, intrincado miembro de la Corte Suprema, soslaya con su mirada las preguntas del periodista (se trata de un juego mediático que envidiaría la retórica aristotélica), que simulan ser inquisitivas, cuando son claramente facilitadoras.

El periodista dice, el interpelado condice en nombre de la justicia, que es ciega, sobre todo por lo que no puede ver. Algo afirma que él no responde a ningún «poder ejecutivo», sino a una potencia de ejecución autónoma respecto de cualquier poder, salvo el divino (recurso constante en la televisión); potencia que se orienta por sí misma y se guía por su lógica específica.

Hablando de lógica ligada a una cierta coherencia de la mirada, un jurista adlater —eufemismo por obsecuente—, en otra audición, estipula tajantemente que «es *lógico* —remarco el término— que un delincuente alegue su inocencia». En esta alocución se plasma la impunidad, ahora establecida por los mismos agentes judiciales. El viejo Hegel, desde los *Theologische Jugendschriften*, aseveraba que «la pena reconcilia al delincuente con la sociedad», a la que había agredido más allá de toda justificación.

Los adalides de la iatrogénica justicia argentina resuelven el asunto en otros campos, en los de una «corte» (con minúsculas) de suprema cortesanía y en el de un poder ejecutador. Así la lógica jurídica toma los parámetros de la sintaxis delictiva.

No, no «es lógico que un delincuente alegue su inocencia», puesto que si el sujeto ha delinquido de manera probada (en caso contrario para qué llamarlo «delincuente»), su alegato no sería el de «inocencia», sino el de atenuación de la pena.

Hasta aquí deberíamos aceptar que el castigo «reconciliaría» al transgresor con su medio social, que no está ni es *medio* de nada, es producción social él mismo. Pero aún hay más. No es «lógico»

—palabra siniestra en boca de un jurista— que un delincuente niegue su culpabilidad, es *previsible.*

Tal sustitución no es inocente, aunque la intención del profesional lo sea, ya que entraña una justificación *de juris* de la impunidad. Y el «alegato» se transforma en una coartada para que la opinión delictiva sea justo una más, equivalente a la de la instancia que lo juzga. La falta de juicio, el disloque de las acciones impunes, se tornan el modelo de aquello que debe juzgarlas.

En este punto la realidad funciona precisamente como le conviene a toda impunidad, de modo inadvertido, que no es un mero «dar vuelta», sino el curso de las cosas mismas. De modo que al respetar la «lógica del delincuente» se aniquila la «previsibilidad» de aquella que debería condenarlo. Y esto ocurre en el mismo acto de enunciación. No será necesario, entonces, llegar a la prueba del delito y a sus anecdóticas peripecias, ya que la lógica delictiva aparece *naturalizada* de hecho en el corazón del sistema legal, y le genera una disritmia autoprovocada. Ello marca, por anticipado, el destino del cielo (raso) que se cree tocar con las manos.

Al no estar sobrepasándose continuamente la democracia de derecho, la democracia participativa, su signatura mayor, queda como una ilusión que reemplaza a la antigua ilusión revolucionaria, sin el aliento ni el vigor que alimentó a esta última.

La mirada, así, se debilita, busca su íntima desaparición («total para lo que hay que ver...»), saber lo menos posible, acceder a la «suprema corte», participar de la cohorte, la farándula, mirar hacia la cámara —el verdadero público—, poner la palabra «bajo» el interés, subir el rating político-actoral, en suma, exhibir sin el más mínimo pudor, sin rubores, la «lógica del delincuente» que, además de aceptable y aceptada, es indiscernible de cualquier otra que circule por canales normales, o sea, navegados por las normas.

A estas altura debo confesar que no sé donde comencé, pero también que no ignoro con lo que hay que acabar. Si es un texto o un grito habrá que desvelarlo. Quizá lo último. Aunque para saber qué se grita en un grito seguramente hagan falta muchos textos que, inadvertidamente, volverán a ser gritados una y otra vez.

Un estado... de ánimo

En múltiples aspectos, la «sociedad» (por el momento usaremos el término entrecomillado) argentina está contra y encontrada con el estado. Un estado que antaño era socavado desde dentro y «golpeado» desde todos lados, a tal grado que su temperatura pudo medirse por la inminencia o la demora aseguradora de un «golpe» certero.

Hoy, estando la militancia desplazada por el «lobby», alejado el fantasma de un violento quiebre institucional, el estado no necesita congregar, aglutinar, incluir, o persuadir en exceso; le basta con capturar la representación de sus votantes, ponerla fuera de ellos —imperceptible e insidiosamente— y elaborar el propio concepto de lo que él representa.

Discurso de la eficiencia, de la recolección impositiva, de la reducción convertible, tiende a recluirse en una ficción autocomplaciente y jibárica. Sobre todo, un sórdido e irradiado *jibarismo* parece ser su mayor logro; el mayor logro es alcanzar lo *menor*, el rebajamiento, el achicamiento, la proclamada salida (en realidad: exorcización) de la beneficencia, la entrada en las pasiones mezquinas, saqueadoras, públicamente retraídas, *privadas a...* Sin embargo el estado sigue su curso, generaliza un discurso lanzado en un centro que se des-centra rápidamente, partiéndose, astillándose, pero siempre fragmento centrado, globalización especulativa.

Lenta, obstinadamente, va sustituyendo sus *parlamentos*, transita de la eficacia irrestricta a la inevitable acumulación, exclusión, desafiliación. Y no se malentienda, de manera miope u ocasional todo parece marchar mal, pero en lo que hace al destino de la nación (distinta del país, la patria, el terruño) la cosa —*res publicae*— deriva bien, es auspiciosa.

En este punto las comillas desaparecen, y con ellas la misma idea de sociedad y de estado. Lo social se desperdiga en una serie de pequeños territorios, breves geografías de poder, poblaciones con vínculos lábiles y perecederos, bruscas inversiones donde uno es más que cuatro, y muchos menos que nada. Participación muda que sólo habla y calla como opinión, y así deja sus tenues vapores, evaporándose.

Mientras tanto, estamentos de poder varían sus lemas hacia el verdadero leit-motiv. Si el estado se achica, se vuelve minusválido, viste las muletas corporativas, entonces dice al ciudadano: no pienses en mí, no seré beneficioso para ti, hazme real, controlador, recaudador, pero a la vez *impensable*. De ese modo se implanta, en la membrana de la oratoria transformista, la máscara de una doble imposibilidad, la de pensar tanto la sociedad como el estado.

A partir de esos dos impensables, surgirá lo que
debe ser pensado, obsesión reguladora de todas las
acciones y expectativas: el mercado.

En esta lógica vociferante del tira y afloja, de
una «teología servicial» del producto (es el «bien
en sí mismo»), es *natural* que la mutua oferencia de
prestaciones —por parte del estado— y de dona-
ción representativa —por distintos colectivos— vaya siguiendo las pugnas, los feroces modos de conve-
niencia, las formas de desconocimiento automático,
la inmediata amputación del diálogo, la amenaza
del uso de la fuerza y su escamoteo, la operación de
insondables *aparatos* competitivos (toda una subjetividad ofertada-demandada) y demás veleidades
mercantiles.

De ahí que invocar la epifanía de la solidaridad
sirva como un consuelo-resto, pues es —en este estado de cosas— realmente impracticable, fuera de
escasos episodios límites, u objeto de un mero tin-
glado mediático («llamado a la solidaridad»). Así
el reino de ese *Dios de la pulseada*, el estado pul-
sa en las encuestas el «estado de ánimo» de sus
ciudadanos, reasegurando sus futuros ejercicios de
arbitrariedad y manipulación (más que de «saber»
y «verdad» foucaultianas, en lo que corresponde a
estas *tierras baldías*) de los límites, márgenes, capacidad de aguante, etc., de sus gobernados.

Ejercicios de *costos* (políticos) y en las *costas* (salutarias, educativas, ambientales), de las cuales se ha retirado prestamente, o sea, sin prestar ni prestarse a aquello para lo cual fue constituido. «¡Voto a Satanás!» podría ser la auténtica expresión de quien acude a un comicio actual. La exclamación tiene muchos equivalentes, «voto en blanco», «voto anulado», «voto castigo», «¡voto a Satanás!». Nunca sabremos qué se oculta en el espectro de un de-voto republicanismo. Sin embargo, podemos constatar que en esa moral draconiana, impotente, de «látigo ruso», se obtiene el plus masoquista de un retorno, donde es comprobable una y otra vez, que la voluntad de castigar es un inconsciente —por eso más poderoso— impulso de autocastigo.

El castigo no cambia nada, valida «en cambio» una sustitución de lo mismo en el ámbito de una moral de la resignación. Especularidad donde el ciudadano, minimizando o desvinculándose de los avatares del estado (o recibiéndolos sólo como «noticia»), se pliega al mandato —¡no pienses!— que aquel destila como un particular *estado de no pensamiento*. Así, mediante sus *máquinas de siembra* (rama de una verdadera «agricultura ideológica»), intenta esparcir un cierto polen de indiferencia en el *descampado* de una tambaleante sociedad civil. Y de ahí pudiera emerger el estatuto paradojal de «los

que fracasan al triunfar», ya que el estado actual
y el mercado vigente sólo pueden exhibir sus «vic-
torias», sus vítores, desertificando las tierras sobre
las que se asientan, es decir ostentando el *triunfo de la disolución* como una simultánea *disolución
del triunfo.*

Observaciones metacotidianas

Los carteles de una calle perdida del D.F. mexicano han destrozado con dentelladas involuntarias la sintaxis y la figuración de la metafísica tradicional. La misma que gobierna el pensamiento del ser como presencia dormida en el lenguaje y el mundo como representación transparente.

En recuadros de cartón alisado leemos unos desgarbados palotes: «PROHIBIDO (muchas veces PROIBIDO) A LOS MATERIALISTAS ESTACIONARSE EN LO ABSOLUTO».

Prohibido remite al derecho municipal y callejero de permitir o imposibilitar el uso del espacio público.

Los materialistas es una apocopación de «los camiones de materiales», los que a su vez transportan algún *espíritu* humedecido con pulque y materiales para la construcción o escombros de lo que fue.

Y lo *absoluto* no implica neutralización alguna, sino que ubica el adverbio «absolutamente» (prohibido) de modo insituable y más acá del nombre acostumbrado.

Lo que la metafísica sometió en su madurez —en un *callar* que también es el *callo* de su conciencia—, una tibia callecita mexicana, en su bello *error* y en mi *errar* por ella, le otorga una voz y una tonalidad singulares.

Volando

Al bajar del avión, en el aeropuerto de Madrid, un viajero argentino fue desviado hacia una sección de la aduana que se ocupaba de la detección de prejuicios y otros males de ojos.

Allí le dijeron que para entrar a España debería pasar una evaluación de higiene mental y validez de perspectivas. Le aseguraron que con un mero testeo bastaría.

Un funcionario, por cierto altisonante, le preguntó: «¿cómo caracterizaría a su *madre...* patria y a su propia *matria*?». El viajero, con la mirada clavada en el pasaporte, aventuró: «España me parece una versión monetaria de la picaresca. Y Argentina una versión trágica de la avivada».

Observaron su pasaporte, escrutaron su rostro y lo enviaron, sin pasaje de retorno, a cualquier lado.

Publicaciones no tan gratuitas

Las publicaciones van y vienen, se exhiben, se muestran, para desaparecer en manos de un poseedor ocasional. Entre ellas se desencadena un raro juego. Requieren lectores avezados, mirones atolondrados, o ambos a la vez, según lo determinen sus contenidos o las diversas formas en que puedan *contenerse*. Pero, con el tiempo y de manera general, se han ido distribuyendo en dos grandes especies, aunque no muy específicas. Están las que se hacen «pagar» y las «gratuitas».

Las últimas, quizás herederas de los folletines que se repartían sin costo o por unas monedas, se han instalado entre sus usuarios y afanosos buscadores, como si fueran el viejo oro californiano que mana del cielo, abundan en la boca del metro o en los estantes de tiendas multitudinarias.

Sin embargo han generado un hecho paradójico, observable en los últimos años. Ellas, en su mayoría, se leen de punta a punta, con cierta devoción y de modo detallado. Sus páginas no se saltan al azar, como las de pago, buscando una figura o una escena espectacular. Se van des-hojando siguiendo el orden que sus lectores habituales han figurado a su antojo.

En una palabra, tienen la accesible virtud de crear un lector en continuidad, activo y personalizado. La inversión la hacen los editores y sus soportes publicitarios. Los receptores se encargan de una imprevista e imperceptible tarea: asimilar, difundir y socializar un vehículo cultural. No lo saben, pero lo hacen. En cambio, los que han pagado el ejemplar lo retienen, en pocas ocasiones es archivado y la costumbre lo ha vuelto prescindible, cuando no ha sido atrapado por una mano ávida que no desea pagar el precio estipulado.

Y he aquí la paradoja final. Las publicaciones «gratuitas» se han vuelto imprescindibles, demandadas sin cesar y buscadas como si tuvieran un *alto precio*. Las publicaciones «caras», salvo contadas excepciones, cuyos *rostros* van de mano en mano, después de una circulación restringida, se vuelven desechables y acaban en una ironía mercantil, su *menosprecio*.

EN POS DE LO VIEJO

Lo viejo, así, inducido por el neutro, disparado sin neutralidad; partícula de la cual carecen, por ejemplo, el francés o el italiano, que no se estanca como un plural atragantado, sino que permite que *lo* pasado, sin sustancia plena, vaya pasando, reactualizándose a medias, en un «presente», regalo y muesca del tiempo en paralelo.

Pero, ¿qué es *lo* viejo? Interrogante desgraciado, pues no tiene «ser» a la manera de una mesa o un martillo. Responder con voz tenue —de viejo— como si *ya* (ahora lugar del muerto) estuviéramos en esa «etapa» o con tono vivaz (entonces lugar del gimnasta) como si buscáramos omitirla, son las dos formas comunes de dañar la pregunta misma.

Al contestar rápidamente, sin demorarnos en ella, se confunde el acontecimiento escaso *lo* viejo con una cosa testimonial —«viejos *son* los trapos», dice un antiguo refrán—. *Son*, mientras que el acontecimiento hace del ser un devenir, convirtiéndolo indefectiblemente en lo otro, en lo que de por sí escapa a la mirada.

Quizás la primera detención, la rémora inicial, sería la de no contestar bajo el estilo directo, ostensible, «esto es», igual que al señalar un objeto cotidiano. *Lo* viejo rompe con la captura de la visión inmediata (un irreversible *envejecimiento* de seres y útiles), es opaco para sus acechanzas y veloces catalogaciones, permanece indiferente ante sus posibles anticipaciones. Esto, sí, le cabe bien a *lo* viejo que siempre está por-venir. Es una herencia que nunca se cobra totalmente. Por eso no es del orden de la tenencia, sino del agenciamiento deseante que sólo pervive en un «régimen colectivo de enunciación», en la inmanencia de una tradición que es preciso recorrer con precisión, desandar por dentro, que avanza desde el futuro y se inventa, re-crea o bloquea desde él. «¡Pero esto es muy raro —subrayo lo escaso—, en verdad inexistente!», exclamará alguno; alguno no dejará de vociferar.

Es cierto, *lo* viejo, siendo diverso, se sustantiva constantemente en *la* vejez. Por ella se vehiculiza la muerte como imaginería anunciada e irrelevante («a todos nos toca»). De ese modo se cree ver morir a alguien, cuando en realidad estamos ante el límite de su no-existencia.

Tanto los morires (diferenciados por Bichat como funciones de resistencias que caracterizan a la vida) como su esencialización en la muerte carecen de representación. Ver morir a una persona es casi una evidencia, aunque sea una ilusión de la percepción. Otro tanto ocurre con el «echar una mirada sobre la propia vida», concebirla, nuevamente, como a la muerte.

A *lo* viejo, más que una «concepción», le va perfecta una «decepción» en las creencias de la visión, amén de que el «ver para creer» ya fue crudamente desmentido por los prestidigitadores. Así, *lo* viejo se alimenta mejor con el disloque de las intenciones y con la ruptura del fetichismo ocular. ¿Qué resta como salida de cierta cadena negativa? (*lo* viejo no es ni, ni,...). Simulando una fuga, podríamos recurrir a la paradoja que usa Jacques Derrida —en ocasión de la presentación de su tesis doctoral— con tono persuasivo, «jamás me he sentido tan joven y, a la vez, tan viejo». El enunciado no permite un cierre sobre sí mismo, su simultaneidad deshilvana la sucesión que rige el antes (joven) y al después (viejo) de la cronología habitual. De ese modo, la proposición remite a su propia composición, se hace autoreferente y no designa el cuerpo vibrante y ganoso de los veinte años, ni el cansino y canoso de los ciento veinte, esas milésimas de segundo para la historia.

La oración —de gracias y gramatical— ha sido proferida en ese «entre», en una tierra de nadie donde el tiempo es puro acontecer, amnesia de reloj. Sin embargo, la paradoja resulta insuficiente para dar cuenta de *lo* viejo, que no sólo habita un «tiempo puro», sino la diaria «contaminación», los bisbiseos de las reuniones y desencuentros comunitarios, de las tumultuosas congregaciones y sus desoladas miserias, cada vez más arraigadas, más tenaces en su «residencia en la tierra».

Bueno, dejemos entre paréntesis cierto declive bucólico. Tomemos, para ejemplificar, la misma —de ahí la diferencia— ruta que escogimos al comienzo —*En defensa de lo nuevo*—, la ruta dos, hacia la «ciudad feliz», que en sus marchas y contramarchas tiene hoy —cuando escribo— el mayor índice de desocupación del país. La paradoja en el corazón del paraíso.

¿Qué será *lo* viejo en ella, en la doblemente dos? No lo que parece registrar una mirada de ventanilla. Es diferente a ese inmueble envejecido que surge de pronto al salir de una curva, distinto de la vieja estación de tren, del viejo silo que emerge en diagonal a sus andenes.

Todo ese conjunto se muestra como una señal del «paso del tiempo», por eso golpea a la vista y permanece ante los ojos de cualquiera que valore la nobleza de los materiales, la robustez de la construcción «hecha para durar» y otras cualidades visibles. Pero *lo* viejo deja de estar, no es pasible de hacerse evidente, de ser un dato viviente y aprensible. Es la marca, la huella y la memoria delegada de todos esos monumentos locales.

Lo viejo perdura en ausencia, fuera de todo contexto visible, participando del recuerdo y el olvido, de los trazos que re-comienzan sin descanso, roturados infatigablemente para que sea transmisible lo que hace de una comunidad algo singular y reconocible bajo un nombre propio.

Así *lo* viejo es ajeno a este viejo sujeto o a esa plaza envejecida. Si bien no se opone frontalmente a *la* vejez ni a *la* juventud —polaridades comunes— o *al* envejecimiento ni *al* inesperado rejuvenecimiento —la complementariedad más conocida—, es porque guarda una distancia absoluta y posee una naturaleza radicalmente diversa, no previsible ni posible de ser envuelta en una cadena sinonímica como las anteriores, donde es corriente intercambiar un término por otro. Esto siempre y cuando se acepte la función de los sinónimos, que más bien parecen pertenecer a la voluntad de semejanza entre palabras, o bien, al comercio necesario e inevitable de los diccionarios.

Entonces, si *lo* viejo es un despliegue inaprensible en lo inmediato, es también aquello que por principio retorna sin que se pueda certificar su agotamiento. No así los demás especímenes. En ese sentido, de re-vuelta, es que yo remarco a menudo la frase el «viejo Spinoza» o el «viejo Marx» o

«Freud» u «Occam» o «Blake» y «Cantor», «Koy-
re» y «Vallejo» y «Fulcanelli», o finalmente, «Pli-
nio, el viejo» nombrado en su diferencia con «Pli-
nio, el joven», despojado de toda filiación y anterioridad fechada. Ello funciona de este modo *viejo*...
amigo de los conceptos; así y no de otra forma dejan
de ser cosas, de «trapear».

55 AÑOS DE UNA BIOGRAFÍA
FRAGMENTARIA

SOBRE EL AUTOR

Juan Carlos De Brasi. Filósofo. Ensayista. Psicoanalista. Codirector del Espacio Psicoanalítico de Barcelona. Ex profesor de la Universidad de Buenos Aires (UBA 1991-1999). Profesor en distintas universidades e instituciones extranjeras. Investigador de la problemática institucional, grupal y de la subjetividad contemporánea. Codirector de la publicación *Lo Grupal* y colaborador en distintas publicaciones.

Algunos de sus ensayos publicados son: «Subjetividad, grupalidad, identificaciones»; «La monarquía causal»; «La explosión del sujeto. Acontecer de las masas y desfondamiento subjetivo en Freud»;[1] «La problemática de la subjetividad. Un ensayo, una conversación»;[2] «Ensayo sobre el pensamiento sutil. La cuestión de la causalidad. La causalidad en cuestión»;[3] «Apreciaciones sobre la violencia sim-

---

[1]Nº. 2 de esta colección.
[2]Nº. 3 de esta colección.
[3]Nº. 4 de esta colección.

bólica, la identidad y el poder»;[4] «Notas mínimas
para una arqueología grupal»[5] y «Flechas de pensamientos. Verdinales y meditaciones».[6]

---

[4]Nº. 1 de la colección *Cuadernos mínimos*.
[5]Nº. 2 de la colección *Cuadernos mínimos*.
[6]Nº. 7 de esta colección.

COLECCIÓN APERTURAS

1. Josep Maria Blasco, *Estrategias imperiales*
2. Juan Carlos De Brasi, *La explosión del sujeto. Acontecer de las masas y desfondamiento subjetivo en Freud*
3. Juan Carlos De Brasi, *La problemática de la subjetividad. Un ensayo, una conversación*
4. Juan Carlos De Brasi, *Ensayo sobre el pensamiento sutil. La cuestión de la causalidad. La causalidad en cuestión*
5. Juan Carlos De Brasi, *Elogio del pensamiento*
6. Gabriela Cardaci, *Lo grupal como intervención crítica. Sobre la publicación* Lo Grupal *en la Argentina (1983-1993)*
7. Juan Carlos De Brasi, *Flechas de pensamientos. Verdinales y meditaciones*

COLECCIÓN CUADERNOS MÍNIMOS

1. Juan Carlos De Brasi, *Apreciaciones sobre la violencia simbólica, la identidad y el poder*
2. Juan Carlos De Brasi, *Notas mínimas para una arqueología grupal*